金融理论与实践系列丛书

海外油气勘探项目组合
多目标优化管理策略研究

王晓宇　著

中国商务出版社
CHINA COMMERCE AND TRADE PRESS

图书在版编目（CIP）数据

海外油气勘探项目组合多目标优化管理策略研究 /
王晓宇著 . -- 北京 : 中国商务出版社 , 2022.1
ISBN 978-7-5103-4179-3

Ⅰ . ①海… Ⅱ . ①王… Ⅲ . ①油气勘探 – 项目管理 –
研究 – 中国 Ⅳ . ① F426.22

中国版本图书馆 CIP 数据核字（2022）第 013407 号

海外油气勘探项目组合多目标优化管理策略研究

HAIWAI YOUQI KANTAN XIANGMU ZUHE DUOMUBIAO YOUHUA GUANLI CELÜE YANJIU

王晓宇　著

出　　版：中国商务出版社	
地　　址：北京市东城区安外东后巷 28 号　　邮　编：100710	
责任部门：教育事业部（010–64255862　cctpswb@163.com）	
策划编辑：刘文捷	
责任编辑：刘　豪	
直销客服：010–64255862	
总 发 行：中国商务出版社发行部（010–64208388　64515150）	
网购零售：中国商务出版社淘宝店（010–64286917）	
网　　址：http://www.cctpress.com	
网　　店：https://shop162373850.taobao.com	
邮　　箱：cctp@cctpress.com	
排　　版：德州华朔广告有限公司	
印　　刷：北京建宏印刷有限公司	
开　　本：787 毫米 × 1092 毫米　1/16	
印　　张：9.25	字　数：161 千字
版　　次：2022 年 1 月第 1 版	印　次：2022 年 1 月第 1 次印刷
书　　号：ISBN 978-7-5103-4179-3	
定　　价：48.00 元	

凡所购本版图书如有印装质量问题，请与本社印制部联系（电话：010–64248236）

前言

　　随着中国经济持续快速发展，对油气资源的需求日益增长。国内的油气资源已经无法满足中国经济发展的需求，拓展海外油气资源市场是解决中国资源需求缺口的唯一出路。为响应国家"走出去"战略的号召及业务发展需求，中国石油公司早在20世纪90年代初便进军海外油气市场，经过二十多年的发展，在海外取得巨大成功的同时也遭受了严重挫折。中国石油公司海外业务发展取得成功的一个重要因素是2014年之前国际油气市场保持了较高油价，但是自2014年下半年开始，国际油价持续走低且回升缓慢。这意味着各大石油公司必须重新制定油气业务发展规划，由原先的"重规模"向"重效益"的发展方向转变，持续降本增效，优化投资组合，只有这样才能在低油价的国际油气市场实现可持续发展。

　　本书分析了海外油气勘探项目的概念和特点，根据勘探开发模式和投资决策特点将勘探项目划分为滚动区块、风险区块和包含两者的混合区块。针对不同评价对象特点，在考虑资源规模和单位油气储量发现成本的基础上构建了资源指标，在考虑勘探项目类型差异和油价非对称均值回复跳跃特性的基础上构建了经济效益指标，在考虑资源量、产量波动等内部风险以及油价、政治、法律等外部风险的基础上构建了风险指标，从而形成了海外油气勘探项目多维度评价指标体系。根据海外油气勘探项目评价的多维度属性，采用双层粒子群优化的加权多视角聚类算法对勘探项目进行分类，依据各项评价指标对分类结果的敏感性计算指标权重，实现对勘探项目的排序，基于分类和排序结果，最终确定各勘探项目的投资优先级。分别考虑勘探项目投资组合的经济价值和投资风险两个目标函数，结合总投资、储采比等各项约束条件，采用自适应多元宇宙优化算法进行多目标优化，从而得到海外油气勘探项目投资组合的帕累托解集。结合勘探项目投资优先级对帕累托解集进行排序，从而选择最合适的海外油气勘探项目投资组合，为海外油气业务发展规划提供投资建议。

作　者
2021年10月

目录

第1章　绪　论 ……………………………………………………… 1

1.1 研究背景和意义 ………………………………………………… 2

1.2 研究对象 ………………………………………………………… 4

1.3 研究内容 ………………………………………………………… 9

1.4 研究方法和技术路线图 ………………………………………… 10

第2章　海外油气勘探开发项目评价和优化研究现状 …………… 13

2.1 海外油气勘探开发项目经济评价理论和研究现状 …………… 14

2.2 海外油气勘探开发项目综合评价方法和研究现状 …………… 20

2.3 海外油气勘探开发项目组合优化理论和研究现状 …………… 23

2.4 研究现状存在的不足和启示 …………………………………… 28

2.5 本章小结 ………………………………………………………… 29

第3章　海外油气勘探项目多维度评价指标选取及量化方法研究 …… 31

3.1 海外油气勘探项目评价指标体系设计思路 …………………… 32

3.2 海外油气勘探项目资源类评价指标选取及量化方法研究 …… 35

3.3 海外油气勘探项目经济效益评价指标选取及量化方法研究 … 36

3.4 海外油气勘探项目风险指标选取及量化方法研究 …………… 61

3.5 海外油气勘探项目多维度评价指标体系汇总 ………………… 64

3.6 本章小结 ………………………………………………………… 64

第4章　多维度下海外油气勘探项目投资优先级评价方法研究 ……… 67

4.1 海外油气勘探项目优先级评价流程 …………………………… 68

4.2 数据的收集和处理 ……………………………………………… 69

4.3 海外油气勘探项目分类方法研究 ……………………………… 71

4.4 海外油气勘探项目综合评价方法研究 ……………………………… 79

4.5 海外油气勘探项目优先级评价方法 …………………………………… 82

4.6 本章小结 ……………………………………………………………… 85

第5章 基于投资优先级的海外油气勘探项目组合优化模型及算法研究 …… 87

5.1 海外油气勘探项目组合优化的特点和假设 ………………………… 88

5.2 海外油气勘探项目组合多目标优化模型构建 ……………………… 90

5.3 基于自适应多元宇宙优化的多目标优化算法研究 ………………… 94

5.4 本章小结 ……………………………………………………………… 99

第6章 海外油气勘探项目评价和优化实例研究 ……………………… 101

6.1 海外油气勘探项目评价实例 ………………………………………… 102

6.2 海外油气勘探项目优先级评价实例 ………………………………… 116

6.3 海外油气勘探项目投资组合多目标优化实例 ……………………… 121

6.4 本章小结 ……………………………………………………………… 122

第7章 结论 …………………………………………………………… 123

7.1 全书总结 ……………………………………………………………… 124

7.2 研究展望 ……………………………………………………………… 125

参考文献 ………………………………………………………………… 127

致谢 ……………………………………………………………………… 139

第 1 章

绪 论

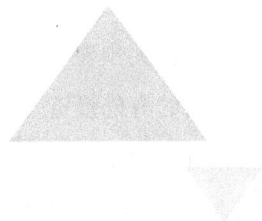

1.1 研究背景和意义

1.1.1 研究背景

从1993年起，中国从一个石油净出口国变为净进口国，对进口石油的需求逐年增长。为了满足国内能源需求，中国石油企业开始实施"走出去"战略，海外油气资产不断增长。截止到2015年，中国石油天然气集团有限公司（下文简称中石油）海外油气权益当量7202万吨，中国石油化工集团公司（下文简称中石化）海外油气权益当量4436万吨，都超过了大庆油田的年产量。随着海外油气投资规模增加，油企面临的风险也越来越大。海外投资环境与国内存在较大差异，主要表现为政治制度不同、经济发展水平不同、宗教信仰不同以及法律环境不同等方面，这也导致了海外油气勘探开发投资风险的复杂性。在高油价时期，上游的勘探开发为油企带来了巨大的回报，但是也掩盖了投资决策过程中存在的诸多问题。随着国际油价大幅下跌，石油企业经营效益出现持续下滑，说明过去的油气项目评价和投资决策方法不够稳健，对海外投资风险的认识和判断不够准确，在遇到极端情况时难以规避风险，实现可持续发展。在油价低迷的背景下，如何实现效益勘探，提高投资决策水平，增加核心资产就变得尤为重要。目前海外油气业务发展呈现出以下特点。

（1）油价波动加剧了海外油气勘探项目经营风险

海外油气勘探项目缺乏政策保护，比国内勘探项目面临着更大的市场风险[1]。一方面，近年来，受美国页岩气革命、非常规油气资源开采、OPEC产油国放弃限产保价政策等因素影响，全球石油供给明显增长。另一方面，受全球经济增速放缓，新能源快速发展等因素影响，全球石油需求增速也逐步放缓。石油供需之间的不平衡导致油价从2014年下半年出现大幅下滑，一度跌破30美元/桶[2,3]。国际油价的大幅无预警下跌导致众多油气勘探项目效益出现下滑甚至亏损，严重影响了石油公司的海外投资效益。从2017年起油价出现回升迹象，海外油气勘探项目效益有所提升，但是与高油价时期相比仍存在较大差距。从长期来看，国际油价波动性加剧，对勘探项目的风险评价和管理也提出了更高要求。

（2）海外油气勘探效益亟待保证

随着海外优质资源减少，油价波动加剧，石油公司的海外勘探战略逐渐从重规模储量向重经济效益转变。在海外油气勘探项目评价和投资决策过程中，要突出勘探项目的经济效益，控制好风险，实现油气业务的可持续性。现有的海外油气勘探项目评价方法主要借鉴了国内油气勘探项目评价方法，没有反映海外油气勘探项目的特点，难以满足海外油气勘探项目评价和投资决策的实际需求。因此，需要针对海外油气勘探项目特点，研究设计一套多维度的评价指标来反映勘探项目的资源、效益和风险特性，为效益勘探提供决策依据。

（3）海外油气勘探资产结构有待优化

随着中国石油企业海外油气勘探战略转型，需要一套科学、合理的投资决策方法以实现对资金、人才和各种资源的有效利用。现有的海外油气勘探项目评价和投资决策方法没有形成完整、统一的评估体系，割裂了各项投资决策过程，不能满足海外油气勘探资产配置优化的需求。因此，需要根据海外油气勘探的战略需求，研究建立符合海外油气勘探业务实际的评价和优化决策体系，为海外油气勘探资产的优化配置提供理论和方法支持。

1.1.2 研究意义

海外油气勘探项目的不确定性因素较多，使得常规经济评价方法不完全适用于海外油气勘探项目评价[4-6]。目前对海外油气勘探项目评价和优化方法的研究还不完善，没有突出海外投资环境和勘探项目类型差异等特点。因此，需要进一步深入研究海外油气勘探项目评价和优化方法，做到理论联系实际，解决海外油气投资过程中面临的实际问题，提出科学合理的投资决策方法，从而为海外油气业务发展提供决策依据。因此，本书将重点研究海外油气勘探项目的评价和优化方法。

海外油气勘探项目评价和优化是一个多维度、多类型、多目标的系统工程，受资源条件、经济发展、技术进步等众多因素影响[7-9]。需要在充分分析海外油气勘探项目特点的基础上，构建与之相适应的多维度评估体系，从资源、效益和风险三个维度进行评价，在此基础上建立海外油气勘探项目分类和排序模型以指导未来海外油气勘探投资规划。通过上述研究，建立健全海外油气勘探项目评价方法与投资优化机制，进而指导海外油气勘探投资规划，保证海外油气业务的健康和可持续发展。

1.2 研究对象

1.2.1 海外油气勘探项目的概念和特点

海外油气勘探项目是指在一定时间内，以资源国勘探区块为对象，通过地震和探井等一系列手段对区块内的地质构造和油气分布进行分析，落实油气资源的系统工程。对于海外油气勘探项目，勘探期通常为5～10年。在勘探期内需要完成规定的最低义务工作量，如果有商业油气发现，可以将勘探区转化为开发区，否则需要退还相应勘探区。海外油气合作涵盖上中下全业务链条，包括勘探、开发、管输、炼化、工程技术服务等环节，而勘探工作是整个业务链的基础，支撑着海外油气业务的可持续发展。

海外油气投资环境与国内存在较大差异，这也导致海外油气勘探项目存在一些特殊性，主要包括以下几点。

（1）海外油气勘探项目具有效益导向性

海外油气勘探项目与国内油气勘探项目的目标存在差异。国内油气公司大部分为垄断性国企，除了要实现经济效益外，还需要履行国企的职责，即保障国家能源的稳定供应和提供就业岗位等职能。因此，勘探项目的首要目标是发现储量，增加油气产量，保障能源的可持续供应。与国内勘探投资不同，海外油气勘探投资兼具战略价值和经济价值。在高油价时期，为了保障国家能源安全，油企纷纷实施走出去战略，海外油气勘探项目的首要任务以发现储量为主。随着国际石油供应过剩，油价大幅回落，能源安全不再成为政府和企业关注的焦点。低油价下，油气企业为了生存，更加强调经济效益，勘探项目的目标也转变为效益优先。从油气企业的竞争能力和长期可持续发展来看，海外勘探项目也必须坚持以经济效益为导向。

（2）海外油气勘探项目周期较短

项目都具有明确的期限性，表现为明确的起止点。海外油气勘探项目也具有周期性特点，由合同规定，一般在5年左右，根据勘探情况可以与东道国政府协商延长勘探期，但一般不超过10年。与国内相比，海外油气勘探项目周期较短，后续延期存在一定限制，这也决定了对海外油气勘探项目必须采用快速评价的方法，在勘探期结束前做出是否进一步投资的决策。国内勘探项目不存在合同期约束，勘探期相对较长，可以实现精细化勘探和管理，为投资决策提供充分的信息。

（3）海外油气勘探开发项目的阶段性和连续性

国内油气田勘探具有明显的阶段性，包括区域勘探、圈闭预探、评价勘探三个阶段。区域勘探是指对盆地进行大范围的地质普查和非地震物化探，探明是否有油气存在，指出可能的油区和有利的含油气盆地。该阶段的任务是发现油气藏并提交预测储量，预测储量的准确性在10%~40%。圈闭预探阶段是对前期优选出的含油气盆地进行地震详查，钻探等活动识别圈闭及其分布。该阶段的任务是提交控制储量，可靠性在40%~70%。评价勘探阶段是对已获得工业油气流的圈闭进一步进行详探，并提交探明储量，可靠性在70%以上。等评价勘探结束后，对地下油气分布和资源量的评估都较为准确，然后再进行开发设计，并进行建设生产。海外油气勘探项目受合同期、前期勘探程度限制，对区块的地质认识难以做到像国内一样细致，不可能等到勘探详尽后再做出是否进一步开发的投资决策。因此，必须将勘探开发过程视为一个整体，建立勘探开发一体化的评价方法，才能有效评估海外勘探区块的价值，并为后续是否投资提供决策依据。

（4）海外油气勘探项目具有高风险性

油气勘探投资属于高风险、高回报的投资，与一般投资项目相比，承担着更大风险。这种风险主要来自两方面：一是由于勘探项目的研究对象位于地下，受知识水平、技术进步影响，对地下资源的估计和开采存在很大不确定性；二是近年来，国际油气价格波动性增加，造成勘探项目价值的不确定性增加。对于海外勘探项目，除了面临地质风险和价格风险外，还受资源国政治、经济、文化、宗教等一系列因素影响，比国内勘探项目面临更大风险。

1.2.2 海外油气勘探项目划分

海外油气勘探项目与国内勘探项目不同，不是以地质单元作为勘探对象，而是以区块作为勘探投资对象。勘探区域以地理坐标作为划分标准，没有考虑地质单元的完整性，因此同一区块内可能存在不同的勘探阶段。此外，海外勘探项目受合同期约束，存在时间紧、任务重、风险高的特点，因此在勘探阶段的划分上不像国内一样存在明显的阶段性。

根据勘探阶段不同，海外油气勘探项目可以划分为滚动勘探项目和风险勘探项目。滚动勘探的特点是区块已经投产，是在生产区的周边进行拓边勘探，采取边勘探边开发的生产模式。风险勘探的特点是资源不确定性较大，只有在探明储量达到一定程度时才考虑开发投产。滚动勘探和风险勘探在投资决策、勘探开发模式上都存在较大差异，属于两个不同的评价对象，应该采取不同的评价方法。由于海外油气勘探项目的投资决策主体是勘探区块，而同一区块内可能存在滚动勘探和风险勘探两个阶段。对于此类区块，不能简单地按滚动勘探或风险勘探中的一种类型进行评价，应该作为一个独立的评价对象。综合考虑海外油气勘探项目的区块特点和阶段差异，将勘探区块划分为滚动区块、风险区块和两种阶段都存在的混合区块。

滚动区块是指整个区块处于滚动勘探开发阶段，勘探程度较高，正逐渐从勘探区块转变为开发区块。对于此类区块，地质风险较小，勘探开发资料较为详细，可以较为准确地估算收入、投资等各项评价参数，适宜采用折现现金流法进行评价。

风险区块是指整个区块处于勘探初期，资源的不确定性较大，尚未投产的区块。对于此类区块，相当于国内的区域勘探或圈闭详探阶段，资源的落实程度较低，尚需进一步勘探，在探明储量达到一定程度时再进行勘探开发[10]。与滚动区块不同，风险区块在勘探期结束前要做出是否继续开发的决策。如果勘探成功且油气资源开发经济可行则进入开发阶段，前期投资作为沉没成本，如果勘探失败则放弃进一步开发，前期投资成为损失。由于风险区块的不确定性因素较大，不适合采用传统的折现现金流法进行评价。

混合区块介于滚动区块和风险区块之间，包括滚动探区和风险探区。滚动探区已经投产，并在生产区边缘进行拓边勘探。风险探区位于滚动探区周边，勘探投入较少，地质认识不足，有待进一步勘探，落实探明储量。混合区块的风险探区和风险区块具有相同的勘探开发模式，都是先勘探，在探明储量达到一定程度时再决定是否投入开发。但是两者也存在差异，风险区块周边没有探明投产的区块可以参考和类比，勘探成功的概率较低，地质风险较大。混合区块的风险探区离滚动探区较近，由于同一区块滚动探区已经探明投产，说明该区块整体地质成功率较高，提高了风险探区的地质成功率。对于混合区块的经济评价，由于投资决策的需求，需要对滚动探区和风险探区分别评价，然后再进行整体评价，得出滚动探区、风险探区和混合区块整体的价值。

综上所述，海外油气勘探项目的评价对象要充分考虑勘探项目的阶段特性和区块特点，根据评价需求，将区块细分为风险区块、滚动区块和混合区块三类，其主要差别总结见表1.1。

从资源量来看，滚动区块的资源落实程度最高，风险区块的资源落实程度最低。从生产情况看，滚动探区属于已投产区块，地面工程等各项设施前期已经完成，其投资应作为沉没成本，不应再予以考虑，滚动探区的主要投资是勘探投资和开发井投资。风险区块和风险探区由于尚未投产，如果未来决定开发投产，需要进行地面工程建设，因此风险区块的投资应包括勘探投资、开发井投资和地面工程投资。从产量剖面假设来看，滚动探区每年发现部分储量并投产，加总后得到整体产量剖面。风险区块考虑在探明储量达到一定程度时一次投入开发，经历上产期、稳产期和递减期三个阶段。不同区块的特点不同，应采用不同的评价方法。

表 1.1　不同类型区块的主要异同

特点	滚动区块	风险区块	混合区块	
			滚动探区	风险探区
资源量风险	落实程度高	落实程度低	落实程度高	落实程度较低
是否投产	已投产	未投产	已投产	未投产
产量剖面假设	评价考虑稳产期、递减期两个阶段。各年发现的储量分别形成产量剖面，累积得到总产量	评价考虑勘探期、上产期、稳产期、递减期四个阶段	同滚动区块	同风险区块
投资假设	由于已经投产，地面工程建设已完成，只考虑勘探投资和开发井投资	由于尚未投产，需要考虑地面工程投资、勘探投资和开发井投资	同滚动区块	同风险区块

1.2.3　中国石油企业海外油气勘探项目分布

从地域分布看，经过多年的海外发展，中国石油企业的业务已经遍及四大洲，三十多个国家，逐步形成五大战略发展区，依次为非洲地区、中亚地区、中东地区、美洲地区和亚太地区。中石油目前在全球30多个国家执行100多个油气项目，中石化在全球27个国家执行了53个油气投资合作项目，主要分布在非洲、中亚和中东等发展中国家。中国海洋石油集团有限公司（下文简称中海油）在26个国家进行了油气投资，主要资产分布在北美和非洲地区。与国内石油公司相比，主要的跨国石油公司，如BP、壳牌和埃克森美孚的海外勘探资产分布更为广泛，主要集中在美洲地区，投资风险相对较小。

从勘探资源潜力看，根据2017年BP能源统计年鉴，第一是中东地区，原油探明储量达到1101亿吨，占全球原油探明储量的47.7%。第二是南美地区，探明储量达到508亿吨，占比为19.2%。第三是北美地区，探明储量为345亿吨，占比13.3%。第四是欧洲和欧亚地区，探明储量达到218亿吨，占比9.5%。第五是非洲地区，探明储量达到169亿吨，占比7.5%。第六是亚太地区，探明储量为64亿吨，占比只有

2.8%（见图1.1）[11]。

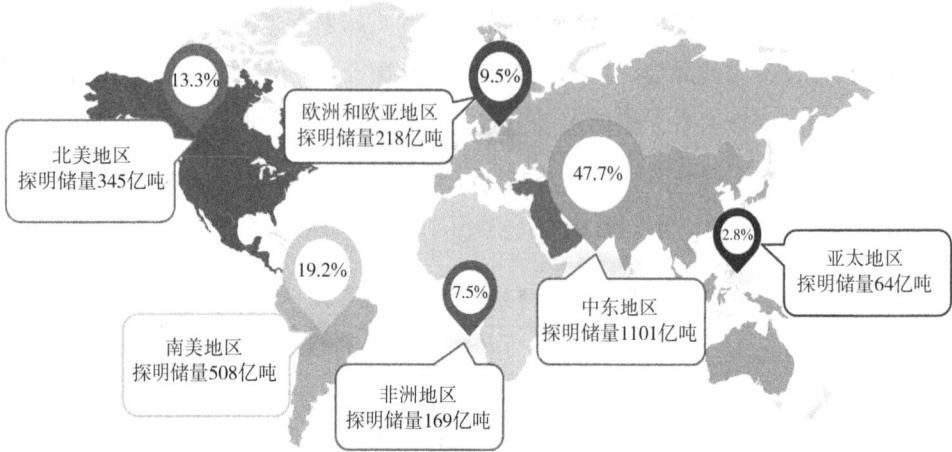

图1.1　全球主要地区原油探明储量

数据来源：《BP世界能源统计年鉴（2017）》。

中东地区的储量占比最高，但是近20年来该地区的储量占比有所下降，从1996年的超过60%下降到2016年的47.7%。主要原因是该地区产油国长期以来上游勘探开发领域实行国家垄断，不对外开放，造成勘探工作投入不足，但部分国家如卡塔尔、伊拉克、阿联酋等已对外开放并希望通过增加勘探投资来提高石油产量。非洲地区近年来储量增长较快，勘探程度较低，未来勘探潜力较大。非洲地区的油气资源主要集中在北非和西非，如阿尔及利亚、尼日利亚、加蓬、安哥拉等。东非地区油气主要集中在南北苏丹、肯尼亚、乌干达、莫桑比克等国。

从整个美洲地区来看，北美地区整体勘探开发程度较高，只有墨西哥湾和加州海域未来可能还存在较大勘探潜力。而中南美洲地区的勘探开发程度并不高，未来通过勘探发现新储量的概率较大。亚太地区的整体勘探程度较高，近年来的储量发现无明显增长。该地区上游投资机会集中在东南亚国家，但因勘探程度较高等原因限制，上游项目风险较高。大洋洲的澳大利亚和新西兰等国，勘探程度同样较高。中亚地区油气资源较为丰富，勘探程度较低，还存在较大勘探潜力。

1.3 研究内容

海外油气勘探项目组合优化是一个综合、复杂、动态的系统工程，受资源规模、勘探技术、经济效益、投资风险等各方面因素影响，需要从资源、效益、风险等多个维度进行综合评价和优化。石油公司进行海外油气勘探项目投资的目的是要在未来获得收益，足够的收益是保证项目乃至公司可持续发展的关键，但收益和风险是并存的，在追求高收益的同时要兼顾风险，如何准确评价海外勘探项目的效益和风险，实现投资组合最优成为海外油气勘探项目评价和优化的主要研究内容。基于此，海外油气勘探项目组合优化的基本思路是从资源、效益、风险三个维度构建海外油气勘探项目多维度评价指标体系，对勘探项目进行科学、客观的评价。在建立指标体系的基础上，从多个维度对勘探项目进行分类和排序，根据分类和排序结果确定项目投资优先级。最终，根据投资者的目标和约束条件，建立海外油气勘探项目组合多目标优化模型，结合项目投资优先级对帕累托解集进行排序优选，从而确定最优的投资组合和资产分配比例。基于上述思路，本书的主要研究内容包括以下几点。

（1）构建海外油气勘探项目多维度评价指标体系

海外油气勘探项目评价不同于一般项目评价，必须要考虑到评价对象的差异性和评价维度的多样性。从评价对象来看，海外油气勘探项目可以划分为滚动勘探、风险勘探和混合勘探项目，勘探项目类型不同，所适用的评价方法和评价指标也应存在差异。从评价维度来看，海外油气勘探项目受众多因素影响，在评价过程中必须要抓住主要因素，从资源、效益、风险三大维度进行深入分析和探讨，找到影响勘探项目评价和优化的关键指标。

（2）基于勘探项目分类和排序结果确定投资优先级

在构建海外油气勘探项目评价指标体系的基础上，需要对勘探项目进行分类和排序，以确定勘探项目投资优先级。分类的目的是对勘探项目进行资产结构分析，明确勘探项目所属资产类型，结合勘探资产配置策略确定投资优先顺序。排序的目的是对勘探项目进行比较，确定投资者的偏好。根据分类和排序结果最终确定勘探项目投资优先级。

（3）建立海外油气勘探项目组合优化模型

结合海外油气勘探项目特点，选择合适的目标函数和约束条件，建立海外油气勘探项目组合多目标优化模型。根据海外油气勘探项目投资优先级，对勘探项目组合解集进行排序，选择最优的勘探项目组合和资产配置策略，并提出相应的投资决策建议。

1.4 研究方法和技术路线图

1.4.1 研究方法

（1）聚类分析方法

聚类是一种无监督学习，聚类分析就是将具有相似特征的对象划分为同类，相异特征的划分为不同类，从而使得同组数据尽可能相似，不同组数据尽量相异。聚类分析在数据分析、文本挖掘和模式识别方面都有广泛应用。本书采用聚类算法，从多个维度对海外油气勘探项目进行聚类分析，划分为不同类型的资产，避免勘探项目分类的主观性。

（2）多目标优化方法

多目标优化是由法国经济学家帕雷（Paret）提出，用来处理多个目标存在冲突时的优化问题。多目标优化求解的基本思路是将多个目标转化为单个目标，通过单目标优化进行求解。根据海外油气勘探项目的多属性决策特点，需要构建多个目标函数，采用多目标优化算法进行求解。

（3）理论研究与实证研究相结合方法

海外油气勘探项目投资组合注重理论与实证方法的结合，要在已有理论的基础上进行拓展，结合实际，符合油气行业特点。本书界定了海外油气勘探项目的含义和特点，结合投资组合理论，建立海外油气勘探项目评价和优化的数学模型，最后进行实例分析以验证方法的有效性。

1.4.2 技术路线

以海外油气勘探项目为研究对象，从资源、效益、风险三个维度构建海外油气勘探项目评价指标体系。根据勘探项目的多维度属性，对勘探项目进行分类和排序，确定勘探项目的投资优先级。在此基础上，建立海外油气勘探项目多目标优化模型，结合勘探项目投资优先级对勘探项目组合进行排序优选。本书总体技术路线见图 1.2。

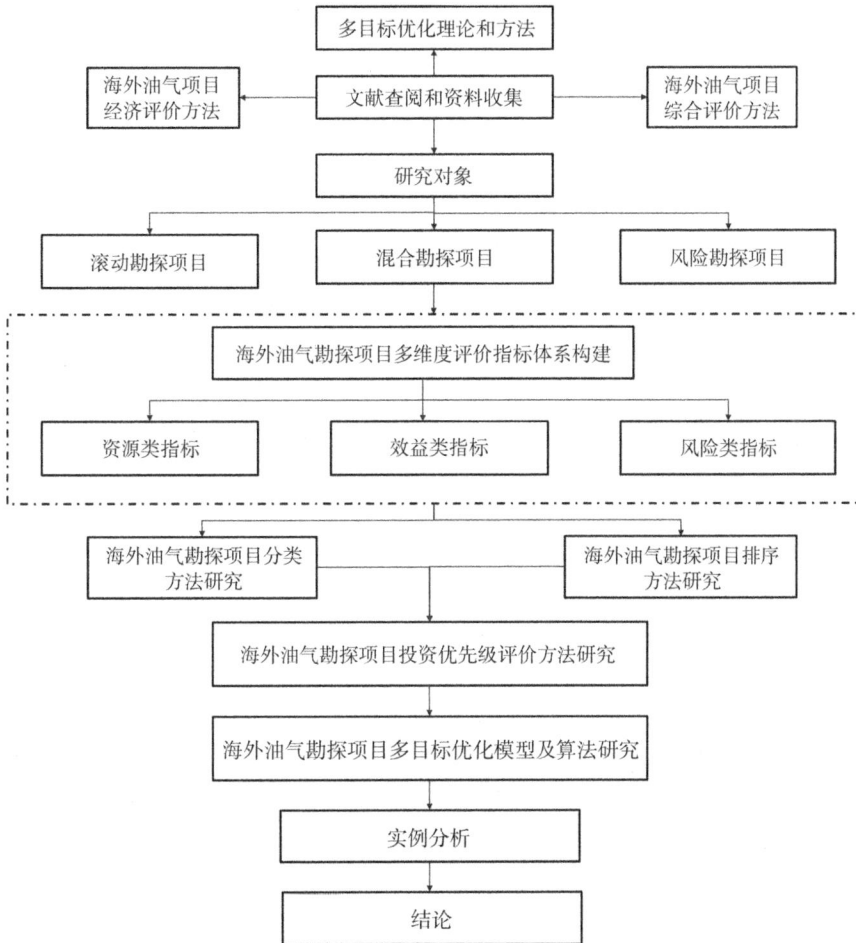

```
                    ┌──────────────────┐
                    │ 多目标优化理论和方法 │
                    └──────────────────┘
                             │
  ┌──────────┐      ┌──────────────────┐      ┌──────────┐
  │ 海外油气项目 │◄────│ 文献查阅和资料收集 │────►│ 海外油气项目 │
  │ 经济评价方法 │      └──────────────────┘      │ 综合评价方法 │
  └──────────┘                │                └──────────┘
                    ┌──────────────────┐
                    │      研究对象      │
                    └──────────────────┘
              ┌──────────────┼──────────────┐
      ┌──────────┐    ┌──────────┐    ┌──────────┐
      │ 滚动勘探项目 │    │ 混合勘探项目 │    │ 风险勘探项目 │
      └──────────┘    └──────────┘    └──────────┘
  ┌ ─ ─ ─ ─ ─ ─ ─ ─ ─ ─ ─ ─ ─ ─ ─ ─ ─ ─ ─ ─ ─ ─ ─ ┐
  │       ┌─────────────────────────────────┐       │
  │       │ 海外油气勘探项目多维度评价指标体系构建 │       │
  │       └─────────────────────────────────┘       │
  │   ┌──────────┐   ┌──────────┐   ┌──────────┐   │
  │   │ 资源类指标 │   │ 效益类指标 │   │ 风险类指标 │   │
  │   └──────────┘   └──────────┘   └──────────┘   │
  └ ─ ─ ─ ─ ─ ─ ─ ─ ─ ─ ─ ─ ─ ─ ─ ─ ─ ─ ─ ─ ─ ─ ─ ┘
  ┌──────────────────┐          ┌──────────────────┐
  │ 海外油气勘探项目分类 │          │ 海外油气勘探项目排序 │
  │    方法研究      │          │    方法研究      │
  └──────────────────┘          └──────────────────┘
            ┌──────────────────────────────┐
            │ 海外油气勘探项目投资优先级评价方法研究 │
            └──────────────────────────────┘
            ┌──────────────────────────────┐
            │ 海外油气勘探项目多目标优化模型及算法研究 │
            └──────────────────────────────┘
                    ┌──────────────┐
                    │   实例分析    │
                    └──────────────┘
                    ┌──────────────┐
                    │    结论      │
                    └──────────────┘
```

图 1.2 技术路线图

第 2 章

海外油气勘探开发项目评价和优化研究现状

海外油气勘探开发项目投资决策是一个复杂的系统工程，涉及地质、技术、经济、管理等众多学科。勘探开发过程是一个发现储量并将其投入开发获取收益的过程。在勘探开发的各个阶段，需要对项目的资源潜力、经济效益和风险特性进行分析，以确保投资收益，避免亏损。在整个项目运营过程中，需要对各项资源进行合理分配，优化投资效益。由于中国石油企业海外投资历史较短，对海外油气勘探项目投资决策问题的研究还处于初级阶段。为了更好地借鉴前人的研究成果，需要对油气项目评价方法、优化理论和技术进行梳理分析，为构建海外油气勘探项目评价和优化方法提供理论基础。

2.1 海外油气勘探开发项目经济评价理论和研究现状

2.1.1 海外油气勘探开发项目经济评价主要理论

经济评价方法是开展油气勘探开发项目经济评价工作的基础，评价方法的客观性、合理性决定了评价结果的准确性。对于海外油气勘探项目，目前常用的经济评价方法包括折现现金流法（也称净现值法）、实物期权法、勘查费用法、级差地租法等，其中应用最为广泛、最具有可操作性的是折现现金流法。以下对常见的海外油气勘探项目经济评价方法作一简要的介绍和评述。

（1）折现现金流法

折现现金流法建立在费雪折现现金流理论的基础上，是一种非常成熟和科学的资产评估方法，被广泛应用到油气勘探项目评估中[12]。折现现金流法考虑了油气项目的特点，对勘探开发过程中的各项资金流入和流出进行预测，计算得到项目的净现值、内部收益率、投资回收期等各项指标来判断项目经济效益的优劣。该方法的优点是考虑了资金的时间价值，充分结合了油气勘探开发项目的特点，具有较高的准确性。它的缺点是对风险的分析不足，需要结合敏感性分析等方法进行评价。折现现金流法的特点决定了该方法适用于经营稳定、投入产出可预测的项目，对于经营风险较大的项目，评价结果可能存在较大误差。

（2）实物期权法

实物期权法（Real option）起源于 Black-Scholes 期权定价模型，是一种动态经济评价方法[13]。实物期权表现为生产经营活动中的或有选择权，是一种以实物资产为标的的期权。与传统评价方法不同，实物期权法中不确定性是有价值的，不确定性越高，未来的收益也可能越大，项目投资价值也越大。实物期权法反映了项目投资灵活性的价值，是对静态经济评价方法的有益补充。海外油气勘探项目面临更为复杂的投资环境和经营风险，因此每一步的投资决策和生产规划都要结合当前的地质认识水平和市场环境进行调整。传统的折现现金流法没有考虑到项目灵活性的价值，可能低估项目实际价值，而实物期权法正好可以对这种灵活性进行定价，对折现现金流法进行补充。按决策特点可以将勘探开发项目的实物期权划分为扩展期权、缩小期权、延缓期权、退出期权和复合期权等。根据实物期权理论，项目实际价值等于项目净现值加上期权价值。

实物期权法是一种非常有潜力的经济评价方法，但是在海外油气勘探项目评价的应用中还是存在很多限制。一是受海外油气勘探区块、财税条款等条件约束，勘探项目投资决策的灵活性受到极大限制；二是不存在一个有效的油气项目交易市场，难以确定实物期权定价时所需要的要素；三是各种选择权之间的相互作用难以评价，增加了实物期权的复杂性。上述问题限制了实物期权法在海外油气勘探项目评价中的应用。

（3）勘查费用法

勘查费用法是针对那些尚未获得商业发现，难以根据探明储量估算投入产出的勘探项目。勘查费用法对勘探项目经济价值的评价包括四个部分：一是取得探矿权的全部费用，即地租费用；二是勘探过程中产生的所有费用；三是勘探活动导致的资源溢价；四是市场变化产生的溢价。在上述价值基础上，综合考虑时间价值确定勘探项目价值[14]。

（4）级差地租法

极差地租理论认为油气储量的价格由四部分构成：一是资源补偿价格，用来补偿油气资源勘探开发给社会带来的负担；二是对资源所有者的权利让渡给予补充；三是企业经营获得的超额收益；四是对探明储量所需要的勘探投入进行补偿。上述四部分共同构成了油气资源价格。级差地租理论的前提假设与油气行业存在差异，且各项要素计算困难，所以目前很少采用这一理论进行油气资源评价。

（5）储量交易法

储量交易法是分析目标区块与类比区块或目标区块近期市场交易情况，确定储量价值。储量交易法的前提是储量交易市场必须公平有效，储量价值能够得到真实反映。在计算过程中，需要综合考虑目标区块和类比区块的地质特征，勘探开发特点、原油品质等异同。在类比区块的基础上，根据各项差异对目标区块价值进行调整。储量交易法适用于储量交易活跃的市场，适用范围有限[15]。

（6）储量成本法

在储量成本法中，资源价值由储量成本和要求利润两部分组成，并根据资源条件进行调整。储量成本法计算简单，易于操作，被广泛应用于国内油气勘探项目，但是在海外油气勘探项目评价的应用中存在较大限制。

（7）决策树法

决策树是一种常用的风险评价方法，因形状似树而得名。决策树法是利用各种方案发生的概率和期望值进行评价，由结束节点、事件节点和决策节点组成[16]。用决策树模型评价油气勘探开发项目经济效益时一般可按以下步骤进行：绘制决策树；计算方案各种可能性的经济效益指标；预测各方案出现不同状态的可能性；计算各方案对应的期望经济值；根据各方案期望经济值进行方案选择[17]。

综上所述，各种油气项目经济评价方法都各有利弊。折现现金流法是目前最具可操作性的方法，其他方法都有其适用的范围。对于滚动勘探项目或开发项目，地质风险较低，历史数据较为丰富，可以采用折现现金流法进行评价。对于风险勘探项目，未来投资决策的不确定性较大，存在多种可能，可以采用决策树法进行评价。对于混合区块，需要结合折现现金流法和决策树法两种方法进行评价。

2.1.2 海外油气勘探开发项目经济评价方法研究现状

马宏伟（2008）[6]认为勘探项目的价值主要体现为储量价值，这种价值可以通过交易实现，也可以通过开发生产实现。油气勘探项目的经济评价方法主要包括现金流量法、储量成本法和储量交易法。上述三种方法中，储量成本法和储量交易法由于限制条件较多，且没有考虑到项目的经济效益，在海外勘探项目评价中使用较少，主要还是以现金流量法为主。现金流量法的财务评价指标包括净现值（Net present value，NPV）、内部收益率（International rate of return，IRR）和投资回收期（Pay back，PB）。对于单个变量对评价结果的影响也可以结合敏感性分析和概率分析。现金流量法的优点是考虑了货币的时间价值，体现了项目经济效益，具有可比性，但是也存在局限性。赵世彩（2009）[18]认为现金流法假设投资机会具有刚性，且投资可以收回，这与勘探项目具有不可逆性的特点不符。此外，参数的选择和现金流的预测存在很大主观性，难以客观反映勘探项目价值。帕亚姆·哈纳菲扎德和瓦希德·拉蒂夫（Payam Hanafizadeh and Vahideh Latif，2011）[19]认为传统的评价方法忽视了输入参数的不确定性和相关性，导致估值结果的不准确。约万诺维奇（Jovanović P，1999）[20]研究了输入参数变化间隔对NPV变化间隔的影响，结果表明这种影响在短期非常小，但是在长期却非常大。对于没有统计信息的情况可以采用情景预测的方法[21, 22]，但是这种方法也存在不足，即不可能预测到所有的情况[23]。此外，蒙特卡洛模拟也是一种常用的方法，由于考虑了变量的不确定性，比传统的方法更加可靠，但也增加了评价的复杂性[24,25]。马克斯等（Marques et al.，2014）[26]研究了投资和经营成本之间的相关性，建立了基于Copula模型的经济评价模型，并将其应用到巴西石油项目经济评价中。李等（Li D et al.，2015）[27]考虑了油价、投资等评价参数的不确定性，建立了二维蒙特卡洛投资决策模型。李世群（2016）[28]等建立了基于蒙特卡洛模拟的海外油气项目评价模型，考虑了主要评价因素的不确定性，为海外油气项目投资决策提供了更为全面的参考。

另一种常见的经济评价方法是迪克西特和平迪克（Dixit and Pindyck，2001）[29]提出的实物期权法。实物期权法认为勘探投资是不可逆的，管理具有灵活性，不确定性是有价值的。特里乔治（Trigeorgis）研究了跨国石油公司的开发方案，提出了开发阶段的放弃期权、运营阶段的扩张和中止期权。雷克等（Reyck et al.，2008）[30]认为即使一个项目有正的净现值，这也并不一定意味着应该马上实施该项目，因为有时推迟实施可以提高项目价值。因为实物期权法将选择看成一种期权，认为等待是有价值的，因此基于实物期权法的评价结果要高于现金流法。蔡举（2014）[31]构建了基于实物期权的油气勘探开发项目经济评价模型并与传统的净现值法进行比较，指出采用实物期权法进行勘探项目经济评价的科学性。念凤强（2016）[32]研究了实物期权法在油气勘探开发项目中的应用，研究结果表明：受油价不确定性影响，净现值法会导致低估项目价值，而实物期权法可以弥补关于油价预测的不足。将实物期权法和净现值法结合使用可以更加准确地评估项目价值。近年来，实物期权法得到了学术界和企业界的广泛重视，但是实物期权法要求完全市场假设和无套利假定，这与矿产资源市场的现状并不相符，从而限制了实物期权法在油气勘探开发项目评价中的应用。

除上述方法以外，决策树、区间数学（Interval Mathematics）和模糊数学（Fuzzy

Mathematics）也被应用到项目的经济评价当中。魏平（2013）[17]、干卫星（2014）[33]和向文武（2017）[34]等人构建完善了基于决策树法的油气勘探开发项目决策模型，并运用案例分析验证了模型的有效性。罗凤章等（2005）[35]建立了基于区间的净现值评估方法。何丽薇（2007）[36]进一步推导出确定生命期和不确定生命期下的项目区间净现值、区间动态投资回收期和区间内部收益率的计算公式和区间解。王庆（2012）[37]建立了基于区间数的油气项目综合评价模型，并将其应用到海外油气项目评价中。黄等（Huang et al.，2015）[38]建立了海外油气项目的区间多属性优化模型，对海外油气区块进行优选。

在经济评价中，还有一个争论已久的问题，即什么是合适的折现率？目前国内石油企业在实际评价过程中往往采用固定的折现率进行评价，折现率的确定参考专家意见，并结合国外同类企业的折现率进行确定。这种确定折现率的方法至少存在三点问题：一是受人为因素干扰过大，决策的科学性受到质疑；二是难以反映不同项目、不同国家的投资环境对项目价值的影响；三是没有体现企业自身的风险承受能力和盈利预期。近年来，随着国际油价下跌，对评价的要求提高，折现率的计算也逐步科学化。目前计算折现率的主要方法是加权平均资本成本（Weighted Average Cost of Capital，WACC），即考虑企业的债务成本和权益成本，作为企业投资的机会成本。对债务成本的计算没有太多争议，争议的焦点集中在如何量化风险溢价。J.哈登（J Harden，2014）[39]认为风险溢价除了应该包括权益成本外，还应该考虑公司规模和投资国国家风险。米勒（Miller，2009）[40]举例证明了线性的WACC模型可能导致错误的评价结果。巴德（Bade，2009）[41]、皮耶鲁（Pierru，2009）[42]、洛韦（Lobe，2009）[43]、基夫、哈立德和劳什（Keef，Khaled and Roush，2012）[44]对米勒（Miller）的观点进行了反驳，认为米勒忽视了财务杠杆的时变性。由此可以看出，折现率要根据具体环境和实际情况进行计算，不能一概而论。

油价作为影响海外油气勘探项目经济效益的主要因素，加强对油价走势的研究和分析是勘探项目经济评价工作的重要内容[45]。由于油价自身波动的复杂性，目前尚没有任何一种方法可以准确预测油价走势。布朗运动是描述油价变化的常用方法，在正常情况下可以较好地模拟油价的波动过程，但是在存在地缘政治等突发事件时，该方法的预测效果并不理想。主要原因是布朗运动是连续的随机过程，而油价受OPEC政策等突发事件影响，可能出现大幅跳跃现象。越来越多的学者开始关注油价的跳跃特性，并引入跳跃性的随机过程描述油价。默顿（Merton）[46]早就认识到资产价格的跳跃特性对期权定价的影响，提出了跳跃扩散过程。贝尔纳贝等

（Bernabe et al.）[47]采用非线性跳跃扩散模型研究了高油价和低油价之间的相互转化关系。阿斯卡瑞（Askari）等[48]研究了2002—2006年石油价格的波动特性，发现石油价格的扩散部分是由不连续的泊松跳跃部分主导。格伦瓦尔德（Gronwald）[49]利用跳扩散–GARCH模型研究了油价的波动特性。张金锁（2015）[50]分析了1986—2012年的国际油价走势，建立了油价的跳跃扩散模型，并利用结构变点和累积量估算方法进行实证检验，结果表明石油价格具有高波动、高跳跃和上升漂移特性。雷丁轲（2011）[51]等研究了价格服从跳跃扩散的海外油田开发项目实物期权评价法，认为结合油价的均值回复跳跃扩散特性分析投资决策更加可靠。

油价、投资和操作成本之间的相关性研究也得到了学术界的广泛关注。20世纪70年代中期，厄尔·D.奥利弗（Earl D.Oliver）、A.詹姆斯·莫尔（A.James Moll）在对合成燃料的研究中指出成本与油价存在联系[52]。美国国家石油委员会（National Petroleum Council，NPC）和库斯克拉（Kuuskraa V A）、戈代克（Godec M L）在20世纪80年代的研究中进一步指出成本会跟随油价的变化而变动[53]。尼斯塔德（Nystad）是最早关注油价对操作成本影响的研究者之一，他将这种影响命名为成本增长的价格效应（price-effect-cost-escalation，PECE）[54]。之后，布拉德利（Bradley）和伍德（Wood）将这一效应引入操作成本预测中，根据操作成本影响因素的表现将之分为短期的成本驱动和长期的成本加速两类。短期的成本驱动因素包括与油气产量、井数相关的因素，长期影响成本的因素包括产品价格、设备年限、技术、管理、政策、投资以及学习效应等[55]。杨博文（2010）[56]等分析了油价波动下的石油企业勘探开发投资，结果表明尽管油价波动性较大，但是油气公司的勘探开发投资比重一直较大，两者表现出中等程度的正相关性。黄伟和（2010）[57]等研究了国际大石油公司投资与油价之间的相关性，计算得到油气公司勘探开发投资与油价的相关系数为0.85～0.97，具有极强的相关性。托斯（Toews，2015）[58]采用VAR模型研究了油价和钻井成本之间的变动规律，结果表明油价变化1%将导致钻井活动也变化1%，相应的钻井成本变化0.5%。席奥泽尔等（Schiozer et al.，2008）[59]、维利格斯（Wiligers，2009）[60]、哈斯滕赖特等（Hastenreiter et al.，2014）[61]和罗东坤（2016）[62]研究了油价与操作成本的关系，认为油价与操作成本之间的相关性确实会影响项目评价结果。赵永博（2016）[63]等研究了油价波动对勘探开发投资及操作成本的影响，结果表明油价、投资和操作成本之间存在正相关性和不对称性，油价上涨时，勘探开发投资和成本增长较快，油价下跌时，勘探开发投资和成本响应较慢，表现为小幅下滑或增速下降。

2.2 海外油气勘探开发项目综合评价方法和研究现状

2.2.1 海外油气勘探开发项目综合评价方法

海外油气勘探开发项目评价涉及资源、效益、风险等众多因素，应采用多属性综合评价方法反映勘探项目的特点。每一种综合评价方法都有其特点和适用范围，需要结合评价对象进行具体分析，从而选择一种最合适的评价方法。以下对常见的综合评价方法作一简要的介绍和评述。

（1）同行评议法。同行评议法要求在相同评价标准下，邀请某一领域的专家对相关领域的一项事物进行评价。同行评议法是一种常用的主观评价方法，评价结果与评价对象的属性、评价标准、评议专家的价值取向和知识体系相关[64]。

（2）NGT与德尔菲法。NGT与德尔菲法是一种群体评价方法，由群中成员按照一定程序发表意见，经过反复统计修改得出群体结论。NGT与德尔菲法较为相似，但德尔菲法需要更多的成员和时间[65]。

（3）层次分析法。层次分析法基于系统分析的思想，根据评价目的将评价对象进行系统分解，得到各层次的评价目标，并最终确定衡量评价目标实现程度的评价指标。然后依据各项评价指标对评价对象进行综合打分，根据综合得分确定评价对象等级[66]。

（4）模糊综合评判法。模糊综合评判法以模糊数学为基础，是解决定性问题的主要方法。模糊综合评判法采用等级模糊子集对模糊指标进行量化，然后通过模糊变换对指标进行比较和排序，最后得到综合评价结果[67]。

（5）人工神经网络方法。人工神经网络技术可以通过已有案例学习，获得评价知识和经验来克服评价过程中的主观性和随机性，从而取得较好的评价结果。但是在实际应用中，评价结果受学习样本影响较大，评价对象的范围较窄[68]。

（6）灰色系统评价方法。灰色系统评价的核心是充分利用已知信息，将灰色系统白化。灰色系统评价方法可以与其他评价方法结合，包括灰色关联度分析、灰色层次评价法、灰色聚类分析和灰色局势决策[69]。

（7）距离综合评价方法。距离综合评价法是通过计算各样本点到最优、最劣样本点的距离进行评价的方法，如TOPSIS方法。确定距离时可以采用各样本点到参考点的相对接近度[70]。

（8）DEA方法，也称数据包络分析。DEA是一种相对有效性评价方法，它将每个评价对象作为一个决策单元，根据投入产出数据，判断是否有一个虚构的更好的单元存在。如果不存在则说明原单元相对有效，否则原单元不是相对有效[71]。

2.2.2　海外油气勘探项目综合评价研究现状

海外油气勘探项目具有高投入、高风险、动态性、复杂性等特点，单一的评价指标难以反映勘探项目的价值和风险，因此必须建立一套全面客观的勘探效益评价指标体系，可以对勘探项目进行比较和优选，优化投资效益。现有的勘探效益评价指标可以分为价值量指标和实物量指标两类，价值量指标建立在财务分析的基础上，包括财务净现值、内部收益率、投资回收期、累计净现金流等，适合勘探程度较高，运营风险较小的勘探项目评价。实物量指标包括单位探明可采储量投资、探井探明储量和探井成本、探井成功率等，适合勘探程度较低，资源风险较高的勘探项目评价。罗东坤（2002）[72]对现有价值量指标进行分析，认为净现值最能体现企业追求经济效益最大化的特点，内部收益率和投资回收期可以作为辅助性指标，基准折现率的计算应该考虑不同类型的勘探开发项目特点进行确定。殷爱贞（2009,2010）[73,74]指出现行油气勘探项目评价指标体系存在以下不足：一是人为割裂了勘探开发过程，没有体现勘探开发投资决策的连续性；二是缺乏社会效益评价指标，不能反映勘探项目对地区社会经济发展造成的潜在或间接影响；三是评价指标难以量化，可操作性差；四是指标选取不便于项目比较，且各指标间相关性大；五是风险评价指标选择不合适，没有考虑地质资料的可靠性和评价指标的可比性。针对上述问题，从经济效益、环境效益、社会效益、地质风险、经济风险、工程技术风险等多个维度建立了综合评价指标体系（见表2.1）。王光升（2008）[75]认为我国现行勘探项目评价指标体系没有考虑到勘探项目的阶段性，并针对不同阶段的特点建立了相应的评价指标。李玉蓉等（2004）[76]在总结现有国际石油勘探开发项目经济评价指标体系的基础上，构建了15个新的指标，以反映不同地区、不同合同类型下油气勘探开发项目的综合效益，并采用层次分析法予以量化。李颂等（2012）[77]根据海外油气投资的特殊性，提出结合各评价因素于一体的资源与目标一体化评价方法。路洪涛（2006）[78]分别建立了勘探阶段和开发阶段的效益评价指标体系，采用层次分析法对海外油气勘探开发项目效益进行综合评价。计智锋等（2016）[79]建立了海外在执行勘探项目风险—价值综合评价模型，对海外油气勘探资产组合进行优化，取得了较好的应用效果。郭等（Guo R，2016）[80]根据海外油气勘探项目特点，在技术经济要素的基础上建立了海外油气勘探项目一体化评估模型，实现了技术和经济评价的有效结合。

表 2.1　国内外油气勘探开发项目评价指标

作　者	方　法	指　标
殷爱贞等[73]	主成分分析法	实物量指标：探井成功率、每口探井探明储量、每米进尺探明储量、勘探总投资、剩余经济可采储量、单位新增经济可采储量勘探成本。经济效益指标：净现值、净现值率、内部收益率、动态投资回收期、投资利润率、投资利税率。社会效益指标：直接就业效益、社会经济发展系数、生活质量提高系数、财政收入增长系数、居民收入增长系数
殷爱贞等[74]	层次分析法	经济效益指标：净年值和净年值率、动态投资回收期、吨可采储量投资、米进尺获储量。环境效益评价指标：单位面积地震工作量、单位面积钻井进尺、集输管线长度、单位储量占地面积。社会效益评价指标：平均投资利税率、勘探开发总投资。地质风险，经济风险，工程技术风险
王光升等[75]	综合评价	区域勘探阶段：油气资源量、资源丰度、单位工作量投资成本。圈闭预探及油气藏评价阶段：探明油气储量规模、储量丰度、预计探井成功率、单位地震工作量探明储量、万米进尺探明油气储量、单位地震工作量成本、单位探井进尺成本、单位探井探明油气可采储量成本、净现值、内部收益率、投资回收期、投资利润率、投资利税率、净现值率、资源开发序列、储量动用率、储采比、年产油量勘探投入产出比、年新增探明可采储量勘探投入产出比、单位勘探成本
李玉蓉等[76]	层次分析法	获利能力指标：期望净现值、每桶收益、修正内部收益率。投资效率指标：风险贴现率、单位经济成本、购入成本率、投资回收期。创汇能力指标：财务外汇净现值、财务换汇成本及财务节汇成本、新增投资创汇率。战略地位：公司发展、国家石油安全。风险指标：合作伙伴信誉度、经济稳定性、环境影响
李颂等[77]	综合评价	地质评价：地震工作量、单位地震成本、探井数、建产时间、产能预计、稳产时间、地质成功率。经济评价：内部收益率、净现值、投资回收期、投资利润率
路洪涛[78]	层次分析法	勘探阶段：区域勘探项目收益值、圈闭勘探项目收益值、评价勘探项目收益值、期望盈利比例、内部收益率IRR、单位勘探成本、经济储量规模、单井稳定产量、购入成本率（VBR）。开发阶段：净现值NPV、期望净现值、每桶收益、单位开发成本、加权平均资本成本、风险现值率、投资回收期、占用资本回报率、财务外汇净现值、换汇成本或节汇成本、新增投资创汇率
计智锋等[79]	综合评价方法	风险指标：地质风险、勘探技术风险、政治风险、安全风险、合同风险。经济指标：净现值、内部收益率
Rui Guo等[80]	技术经济一体化评价方法	技术因素：地质指标、资源品质、地理条件。经济因素：合同条款、投资环境

2.3　海外油气勘探开发项目组合优化理论和研究现状

马科维茨的投资组合优化模型建立在单目标的基础上，即在控制风险的情况下使收益最大，或收益一定时使风险最小。该方法在油气项目组合优化研究中得到广泛使用，但是没有考虑到海外油气勘探项目投资决策的多目标特点。对于海外油气勘探项目，在追求高收益的同时也希望将风险降到最低，高收益和低风险两个目标存在冲突，需要采用多目标规划的方法求解[81]。

2.3.1　海外油气勘探项目组合多目标优化理论

在生产经营过程中，经常会遇到在给定区域上使多个目标尽可能最佳的问题，称为最优化问题[82]。对于海外油气勘探项目投资，最优化问题就是如何在给定约束下使得风险最小，收益最大。现对多目标优化的主要理论进行介绍，为海外油气勘探项目组合多目标优化模型构建提供理论基础。

（1）多目标优化模型

多目标优化问题涉及如下 5 个因素：①设计变量（或决策变量）$x = (x_1, x_2, \cdots, x_n)^T$；②目标函数 $f(x) = (f_1(x), f_2(x), \cdots, f_i(x))$，$i \geqslant 2$；③可行解集 $X \in R^n$；④偏好关系，根据设计者的偏好确定不同目标函数或不同解集的优劣；⑤解的定义，偏好已知的情况下定义 f 在 X 上的最优解。

上述 5 个因素确定了一个多目标优化问题，要求目标越小越好，即：

$$\min f(x) = (f_1(x), f_2(x), \cdots, f_i(x)), \quad i \geqslant 2$$
$$\text{s.t.} \, g_i(x) \leqslant 0. \, i = 1, \cdots, m \tag{2.1}$$

式中 $f_i(x)$ 表示第 i 个目标，x 是 m 维设计变量，X 为可行解集。

（2）多目标优化的帕累托解集

与单目标优化问题不同，多目标优化中的各目标之间可能存在冲突，一般不存在使得各目标同时最佳的解[83]，因此多目标优化问题有多种解的定义，其中有效解的定义最为重要。以目标函数最小化为例，如果除 x^L 外，不存在其他解能够在不引起其他目标函数值升高的同时降低某些目标函数，则称 x^L 为帕累托解，也称有效解。多目标优化问题通常有多个帕累托解，因此多目标优化问题的解是一个集合。在实际决策过程中，需要根据决策人员的偏好，从帕累托解集中选择一个解作为最优解。

（3）多目标优化的各种解法

多目标优化问题的研究已经较为成熟，目前常用的多目标优化求解方法包括传统方法和进化算法两种。传统方法是将多个目标转化为一个目标，然后进行单目标求解，该方法隐式地包含了决策者的偏好[84]。进化算法采用现代启发式算法，具有计算速度快、适用范围广、优化结果更为准确的特点。传统方法包括约束法、分层序列法和评价函数法，常用的进化算法包括NSGA、NSGA–Ⅱ、SPEA、SPEA–Ⅱ和MOPSO等方法。下文对主要的求解方法进行介绍。

①约束法

约束法是将其他目标作为约束，对一个目标进行优化。如从L个目标函数$f_1(x)$，$f_2(x)$，…，$f_L(x)$中，只需要确定一个主要目标，其他目标函数满足一定条件即可。这样就将一个多目标问题转化为单目标问题[85]。

②分层序列法

分层序列法是把其中的L个目标，按重要性程度排序，假设这L个目标已排好序，其中$f_1(x)$最重要，其次是$f_2(x)$，以此类推，先求出问题

$$\min f_1(x)$$
$$s.t.\, g_i(x) \leqslant 0,\ i = 1,\ \cdots,\ m \tag{2.2}$$

的最优解$x^{(1)}$及最优值f_1^*。再求解问题

$$\min f_2(x)$$
$$s.t.\, x \in X_1 \tag{2.3}$$

其中，$X_1 = X \cap \{x \in R^n | f_1(x) \leqslant f_1^*\}$

如此继续下去，直到求第L个问题，这样求得的$x^{(p)}$就是分层序列意义下的最优解[86]。

③评价函数法

评价函数法属于一类方法，它是将多个目标构造成一个评价函数$h(F(x))$，然后进行求解。

$$\min\ h(F(x))$$
$$s.t.\, x \in X \tag{2.4}$$

常见的评价函数法包括线性加权法、理想点法、极小极大法、平方和加权法和乘除法[87]。

④ NSGA 和 NSGA–Ⅱ

Nondominated Sorting Genetic Algorithm（NSGA）是由Deb和Srinivas于1994年提

出的[88]，是一种基于遗传算法的多目标优化策略。NSGA 采用古德伯格（Goldberg）的帕累托非支配排序思想[89]，基于非劣最优对个体进行排序，将非劣的个体分为一类。为了保持种群的多样性，引入共享小生境技术。然后对剩余的个体进行分类，直到所有的个体都被分类为止。Det 等人对 NSGA 算法进行了改进，提出了 NSGA-Ⅱ优化算法[90]。NSGA-Ⅱ的改进包括三点：一是采用快速非支配排序算法，降低了计算复杂度；二是在进化过程中引进精英保留策略，提高了优化结果的精度；三是采用拥挤度比较算子，克服了人为指定共享参数的缺点[91]。

⑤ SPEA 和 SPEA-Ⅱ

Strengh Pareto Evolutionary Algorithm（SPEA）是由 Eckart Zitzler 提出的[92]，采用外部种群实现精英保留策略。该方法采用外部非支配集来保存每一代的非支配解，计算非支配解集个体支配的个体数目在种群中的比例作为该个体的强度。在 SPEA 中，当前种群个体的适应度按照外部非支配集中支配该个体的非劣解强度之和计算，同时需要考虑接近真正帕累托前沿的程度和解的分布。SPEA-Ⅱ[93]是对 SPEA 算法的改进，主要体现在三个方面：一是采用细粒度适应度分配策略，同时考虑支配它的个体和被它支配的个体；二是引入密度函数概念，提高搜索效率；三是设定存档集合为固定值，保证对解边界的保存[94]。

⑥ MOPSO

粒子群多目标优化算法（MOPSO）是由 Carlos A 于 2004 年提出[95]，采用外部档案集存储非支配解。每个粒子除了要学习自己经历的某个非支配解，还要按照一定规则从外部档案中选择一个解作为引导者。外部档案随迭代次数进行更新，当容量超过一定范围，需要对档案中的非支配解进行删除。与其他算法相比，粒子群算法设计简单，调整参数较少，搜索效率高，因而被广泛应用于多目标优化求解中[96]。

2.3.2　海外油气勘探项目组合优化研究现状

油气勘探项目是整个石油行业收益最高、风险最大的投资，而有效的风险管理是上游业务成功的关键。自投资组合理论由马科维茨（Markowitz，1952）[97]提出以来，在资产配置方面取得了广泛应用。在油气行业，许多学者也在努力拓展收益—风险模型，量化投资项目的不确定性并进行组合优化[98]。

Cozzolino（1974，1980）[99, 100]利用预期（指数）效用理论对风险项目的投资组合选择进行优化建模。在 Cozzolino 的模型中，目标函数是风险调整利润，即预期利润减去风险溢价。Ball 和 Savage（1999）[101]进一步探讨了 E&P 项目与金融市场之间风险管理的差异，采用下行风险作为风险的度量，根据收益最大的同时预期损失最小建立投资组合模型，以产生有效前沿。有效前沿上的每一点对应项目的组合和资金分配比例。在决策科学领域中，学者进一步将收益—风险模型拓展到更一般的多属性效应理论（MAUT），并试图将企业的各种目标和风险政策整合以引导企业投资选择。Walls（1995）[102]、Walls 和 Dyer（1996）[103]采用 MAUT 方法对大型油气公司的冲突决策进行建模。MM Orman（1999）[104]将投资组合模型应用到上游投资领域，证明了投资组合理论在油气行业的适用性。Daniel P. Fichter 等（2000）[105]应用遗传算法，建立了油气行业的组合优化模型，结果表明遗传算法在求解复杂、非线性问题时表现出色。Pavlo Krokhmal 等（2001）[106]将条件在险价值（Conditional Value-at-Risk，CVaR）作为风险指标，建立了组合优化模型。Michael R. Walls（2004）[107]认为不能单独依靠投资组合理论进行决策，还要考虑企业的风险偏好。Gustafsson 和 Salo（2005）[108]提出了一种高风险项目管理的权变投资组合框架（CPP）。他用状态树来捕捉项目不确性的演变，利用 MILP 技术对每个项目进行决策树建模。CPP 模型通过使用不同的效用函数允许广泛的风险态度。然而，由于 CPP 模型是多阶段随机优化问题，通常选择线性风险度量以确保所得到的大规模问题是可解的。Zheng Yuhua 和 Luo Dongkun（2009）[109]在考虑利润最大化，产量和储量约束的条件下，建立了多阶段投资优化模型，为油气公司的投资决策提供了依据。Costa Lima G A（2012）[110]根据评价参数的不确定性，利用蒙特卡洛模拟了 NPV 的分布函数，估算了投资组合中不同项目的相关系数。Qing Xue, Zhen Wang（2014）[111]提出了超越净现值的概念，认为包括"操作溢价"的油气项目优化模型更符合理想投资者的需求。

国内学者对油气项目组合优化的研究起步较晚。吴枚（2002）[112]建立了油气公司的投资组合数学优化模型，构造了基于变量上下界问题的投资组合优化模型求解方法。王永兰（2005）[113]论述了油气勘探项目和证券资产在投资组合分析中的差异，主要表现在三个方面：一是油气勘探除了面临价格和政治等不确定性导致的风险外，还面临是否存在油气的风险。二是对收益和风险的衡量，证券资产采用收益率的概念，而勘探项目将 NPV 作为收益率；证券投资的风险衡量的是收益对均值的偏离，采用标准差，而油气勘探项目更关注偏差的下侧，即半标准差。三是两者对市场的认识不同，证券市场一般认为是有效市场，证券具有充分的流动性，价格反映了全部市场信息，矿权市场显然不是一个有效市场，受到地质条件、财税条款等因素的影响。王桂荣（2006）[114]、吴枚（2002）[112]等学者从定性的角度探讨了石油行业的投资风险。王震等（2008）[115]分析了石油行业的实际假设，建立了改进的油气勘探开发决策模型，结果表明资产组合理论可以应用到勘探开发投资决策中。张孟（2011）[116]在资金和储量约束条件下，运用模糊综合评判法和层次分析法对满足条件的组合进行排序优选，帮助企业进行投资决策。

传统的投资组合理论要考虑不同资产或项目之间的相关性，但是这种相关性主要是基于历史数据，没有反映项目之间内在的联系，因此对未来的预测可能是不准确的。近年来，企业界和学术界越来越关注项目交互效应对投资组合的影响。Jeffrey Keisler（2005）[117]研究了何时应该在组合决策中考虑协同效应，认为项目协同效应主要表现为价值协同和成本协同，并且认为油气行业的协同效应主要表现为成本协同。Adiel Teixeira de Almeida 和 Marina D.O. Duarte（2011）[118]考虑了项目之间的利益协同，建立了非线性0-1规划模型。杨小平、何江波（2012）[119]阐述了项目群的协同效应，提出了项目群协同效应素质预测模型。

关于投资组合优化模型的求解，目前的主要算法包括遗传算法（Genetic Algorithm，GA）、模拟退火算法（Simulated Annealing，SA）、进化多目标优化算法（Multi-Objective Evolutionary Algorithm，MOEA）、粒子群优化算法（Swarm Optimization，PSO）、序列最小化算法（Sequential Minimal Optimization，SMO）、萤火虫算法（Firefly Algorithm，FA）和烟花算法（Fireworks Algorithm，FWA）等。Oh K J 等（2005）[120]利用遗传算法，提出了一种指数基金管理的投资组合优化方案，提高了指数基金的收益。Lin C C 等（2008）[121]考虑了最小交易量对投资组合的影响，并设计了相应的遗传算法。Li J 等（2013）[122]基于遗传算法，研究了具有模糊随机收益的多目标投资组合模型。李玉蓉等（2004）[123]认为，对于非互斥项目的选择除了受技术和经济等可行性约束外，还受自身资金限制、合同条款、最低义务工作量等因素影响，从而提出运用遗传算法进行项目评价和筛选的方法。

Maringer D 等（2003）[124]认为，由于在实践中投资者倾向于将自己限制在较少的资产组合，投资决策的结果被证明是NP-hard，并利用模拟退火算法高效地解决了这一问题。徐绪松（2002）[125]认为收益率的实际分布呈尖峰厚尾，作为度量风险的标准，绝对离差比方差更合适，并用模拟退火算法进行求解。Lwin K（2014）[126]提出了混合多目标进化算法来解决约束下的投资组合优化问题。Cura T（2009）[127]利用粒子群算法研究了投资组合的优化问题。李锋刚等（2016）[128]针对粒子群算法易陷入局部极小的缺点，引入了自适应粒子迁徙操作进行改进，构建了均值—CVaR的投资组合模型。Chen等（2015）[129]提出了一种改进的人工蚁群算法来求解组合优化问题，并举例证明了该方法的有效性。杜燕连等（2014）[130]在人工萤火虫优化算法中引入可行性规则，对投资组合进行模拟，用于指导投资决策，取得了较好效果。Zhang X等（2011）[131]提出了基于V型交易成本的投资组合优化模型。Bacanin N 等（2015）[132]引入烟花算法来求解约束条件下的组合优化问题，结果表明烟花算法有很大的潜力。

2.4 研究现状存在的不足和启示

已有文献对海外油气项目评价、优化理论和方法都进行了深入探讨，研究内容也不断拓展，以适应海外油气项目投资决策实际需求。针对当前海外油气项目评价和优化中存在的一些问题，需要从以下四个方面进行补充和完善。

第一，根据对以往文献的回顾可以发现，目前针对海外油气勘探项目评价方法的研究还处于初级阶段，主要是借鉴国内勘探项目的评价思路，没有充分反映海外投资特点。海外油气勘探项目经济评价以折现现金流法为主，同时借鉴实物期权和决策树等评价方法。不同评价方法得出的评价指标存在差异，导致评价结果的可比性较差。如折现现金流法可以计算得到净现值、内部收益率和投资回收期等指标，而实物期权和决策树评价方法只能计算得到价值量，无法直接计算得到资产的内部收益率和投资回收期等指标，不便于各种评价方法的比较和项目优选。此外，在对勘探项目评价指标构建过程中，对勘探项目类型差异考虑不足，且不同类型勘探项目评价指标之间可比性较差，不利于项目之间进行比较。如滚动勘探项目和风险勘探项目存在较大差异，在评价方法和评价指标选取过程中既要体现各自的特点，同时也要兼顾可比性。因此，需要进一步分析海外油气勘探项目的特点和类型差异，从多个维度构建与之相适应的评价指标体系。

第二，已有文献对油价波动及其对勘探项目投资决策的影响进行了大量有益研究，但是对油价波动规律的研究还不够完善，需要对油价波动过程中存在的均值回复特性、跳跃特性和非对称进行深入研究。近年来，国际油价出现大幅波动，严重影响了海外油气勘探项目的资产价值，对石油公司的勘探战略、经营部署产生了显著影响。高油价时期，勘探开发投资和经营成本也会随油价上涨。反之，低油价时期，投资和成本随油价下跌。评价参数之间内在的相关性也会对各项评价指标产生影响，从而影响投资决策。因此，需要进一步研究油价、投资和操作成本之间的变化规律，并分析其对勘探项目评价结果的影响。

第三，纵观已有文献，油气勘探开发项目综合评价研究分为两类：一类是通过构建评价指标体系，计算各项指标权重，对油气项目进行比较和排序；另一类是基于分类思想，通过各项指标对勘探项目进行分类比较。第一类方法在油气项目评价中的研究较为成熟，但是针对海外油气勘探项目的研究非常少。海外油气勘探项目与国内油气项目相比具有较大差异，因此对海外油气勘探项目的综合评价必须要结合海外油气勘探项目特点，并反映在评价指标选取和指标权重计算过程中。第二类方法主要以波士顿矩阵为基础进行延伸，对勘探项目进行资产结构分析。该方法虽然具有较好的适用性，但是分类过程过于主观，可能导致错误的投资决策。因此，需要结合勘探项目特点，采用客观方法对勘探项目进行资产分类，保障分类结果的准确性。

第四，对海外油气勘探项目组合多目标优化的研究还处于探索阶段，优化目标的构建、优化算法的选择都有待分析和探讨。海外油气勘探项目组合多目标优化求的解是帕累托解集，为决策者提供了备选依据，但是在实际决策过程中，需要根据决策者的偏好进行排序优选。现有方法主要采用模糊评价和层次分析法等主观评价方法确定投资者偏好，受人为因素干扰较大，不利于科学的投资决策。因此需要根据勘探项目属性特点，准确、客观地确定投资者的偏好。

2.5　本章小结

本章对海外油气勘探开发项目经济评价方法、综合评价方法、多目标优化理论和方法进行了梳理和分析，目的是弄清楚相关领域的基本概念和研究现状，借鉴正确的研究思路，为进一步结合研究对象进行深入研究奠定基础。总体来看，相关领域在油气行业都有一定程度的应用，但是针对海外油气勘探项目的评价和优化研究还不够深入，需要针对海外油气勘探项目的特点开展研究，为石油企业海外投资部署、提高投资效益提供科学手段。

第3章

海外油气勘探项目多维度评价指标选取及量化方法研究

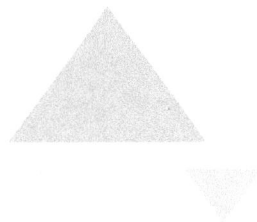

客观全面的构建海外油气勘探项目评价指标体系是进行勘探项目综合评价和优化的基础。本章从资源、效益和风险三个维度对海外油气勘探项目进行分析，分别构建资源指标、经济效益指标和风险指标，对海外油气勘探项目进行多维度评价，为海外油气勘探项目投资优先级的确定提供客观依据。

3.1 海外油气勘探项目评价指标体系设计思路

海外油气勘探项目评价指标体系构建需要遵循一定的程序和原则，选择适当的构建方法，只有这样才能保证指标构建的科学性和合理性。

3.1.1 海外油气勘探项目评价指标体系构建程序

在海外油气勘探项目评价指标体系构建过程中，需要遵循一定的构建程序。对于海外油气勘探项目而言，由于勘探项目类型不同，首先要明确评价对象及方法，基于对象和方法确定评价指标体系基本框架并选取基本指标，根据评价指标的合理性进一步完善，并最终确定指标体系。构建程序如图3.1所示。

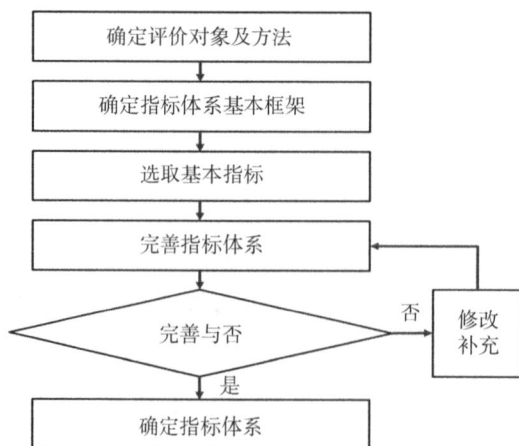

图 3.1 海外油气勘探项目评价指标体系构建流程

对海外油气勘探项目进行评价首先要明确评价对象，根据海外油气勘探项目特点，将勘探项目划分为滚动勘探项目、风险勘探项目和混合勘探项目，其中混合勘探项目包括滚动探区和风险探区。根据评价对象的特点，应选择不同的评价方法，在确定评价方法的基础上选取评价指标并进行量化。具体评价内容包括以下三个方面。

（1）评价指标框架结构分析

海外油气勘探项目的任务是获取油气资源，核心是取得经济效益，关键是控制风险。因此对海外油气勘探项目的评价必须要紧紧围绕资源、效益和风险进行系统评价。资源是经济和风险评价的基础，效益是风险评价的核心，资源、效益和风险之间既相互关联又相互独立，构成了海外油气勘探项目评价的主要内容。

（2）评价指标选取

海外油气勘探项目评价指标选取需要结合各个维度进行系统分析，选择最有代表性的评价指标。在选择指标的过程中要充分考虑不同项目类型的特点，各项指标的概念，以及指标之间的相互关系。

（3）评价指标量化

在确定评价指标后需要说明各项指标的计算方法和量化过程，包括各项指标的计算公式、计算步骤等。

3.1.2　海外油气勘探项目评价指标体系构建原则

建立的海外油气勘探项目评价指标体系必须能够科学、客观的反映海外油气勘探项目的主要特征，在构建海外油气勘探项目评价指标体系时，主要遵循如下几个原则。

（1）全面性原则。海外油气勘探项目是一个复杂的系统工程，资源规模、投资效益和风险水平受众多因素影响，每一个因素都可能对项目产生重大影响，因此，海外油气勘探项目评价指标体系必须要全面细致地反映投资项目的特性，从资源、价值、风险等多个维度对勘探项目进行全面分析。

（2）重要性原则。海外油气勘探项目影响因素众多，既包括主要因素，也包括次要因素，因此在评价过程中要抓大放小，找到关键因素，突出影响海外油气勘探项目特点的重要指标。

（3）客观性原则。在设计海外油气勘探项目评价指标体系时，必须立足于客观实际，根据海外油气勘探项目投资决策过程的实际情况和客观条件进行指标选择，减少主观因素对投资决策的影响。

（4）差异化原则。不同类型勘探项目的特点不同，采取的评价方法也存在差异，评价指标的选取和计算也应反映不同类型勘探项目的特点。

（5）可比性原则。可比性原则包括以下三点：一是与已有的评价指标可比，要求评价指标的选择和量化必须在目前已有的、且被学术界所广泛认可的指标中进行选择或改进；二是要求评价指标的概念和计算方法与国际石油公司勘探项目评价指标具有可比性；三是不同类型的勘探项目评价指标具有可比性，要求两者在评价指标的内涵上保持一致。

3.1.3 海外油气勘探项目评价指标体系设计和构建方法研究

海外油气项目评价指标体系的设计和构建方法主要有定量综合设计法和定性分析设计法两大类，需要结合具体研究对象进行选择。现对这两类方法进行简要介绍。

（1）定量综合设计法

定量综合设计法是通过数学方法对现有的评价指标进行筛选，形成符合海外油气项目特点的评价指标体系，综合设计法包括三个步骤：一是明确海外油气勘探项目的概念和特点，选择与勘探项目相关的评价指标，构成预选指标集；二是通过专家咨询等方法对预选指标进行筛选[133]；三是通过相关分析[134]、聚类分析[135]、隶属度分析[136]、主成分分析[137]、因子分析[138]等方法对预选指标进行定量分析，最终确定入选指标。

（2）定性分析设计法

定性分析设计法是对海外油气勘探项目进行深入的系统分析，把海外油气勘探项目评估分解成若干个子维度，然后对每一维度进行分析，直到每个维度的每一个特性都可以通过一个具体的指标来描述[139, 140]，将这些指标组合起来就构成了海外油气勘探项目评价指标体系。

第一类方法基于数学理论和方法，对各项评价指标进行统计和分析，指标选取过程较为科学客观，但是这种方法也存在一定缺陷，适合相同或类似评价对象的指标选取。如果评价对象不同或差异较大，使用统计方法选择的评价指标难以反映不同评价对象之间的差异。相反，第二类方法的优势是充分反映了评价对象之间的异同，缺点是指标选取存在一定主观性。由于各种方法适用情况不尽一致，在实际应用中需要根据研究对象的特点和具备的条件，将几种方法结合起来加以使用。

对于海外油气勘探项目而言，由于评价对象之间存在较大差异，不存在统一的评价指标选择标准，因此不适合采用定量的指标选择方法。在海外油气勘探项目评价指标选取过程中，需要对评价对象进行深入分析，选择与其相适应的评价方法和对应的指标体系，因此本书选择定性的评价指标设计方法构建海外油气勘探项目多维度评价指标体系。

3.2　海外油气勘探项目资源类评价指标选取及量化方法研究

海外油气勘探项目资源类评价指标选取需要综合考虑资源规模和获取成本，可以通过资源量、资源丰度和资源的可动用程度反映油气资源的规模特点，通过勘探成本来反映资源的效益特点，由此构建的海外油气勘探项目资源类指标包括油气资源量、资源丰度、资源量动用率、单位地震工作量成本和单位油气储量发现成本，各项指标说明如下。

（1）油气资源量

油气资源量是衡量项目未来总规模可能的指标，反映了勘探项目的战略价值。油气资源量有体积统计法、成因评价法、历史—统计外推法以及德尔菲与专家系统等多种计算方法。通常是多种方法并用，运算结果相互验证。

国际上通行的做法是油气资源量采用各种方法求得，以概率分布曲线表示[141]。油气资源量通过如下四个特征值表征：P10——油气资源量累计概率值大于10%；P50——油气资源量累计概率值大于50%；P90——油气资源量累计概率值大于90%。不同概率下的油气资源量加权求和，即可获得油气资源量期望值。

对于海外油气勘探项目，资源规模是决策者需要考虑的重要战略因素。海外油气勘探的主要任务是获取资源储备，实现可持续发展，资源规模大小是反映勘探项目战略价值的重要指标。但是对于不同的勘探对象，勘探阶段不同，获取的储量信息也不同。区域勘探阶段获取的是可能储量，圈闭详探阶段获取的是概算储量，评价勘探阶段获取的是探明储量。对于海外油气勘探项目，滚动勘探、风险勘探项目的资源量不是同一级别，不具有可比性，因此本书所说的资源量是指预测探明储量。

（2）油气资源丰度

油气资源丰度是指预测探明储量与勘探区块有效含油气面积之比，公式如下：

$$油气资源丰度 = \frac{预期探明储量}{有效含油面积} \tag{3.1}$$

油气资源丰度较好地衡量了合同区块内资源的富集程度，可以作为衡量区块资源密度的重要指标。

（3）资源量动用率

区块内发现的资源量并不能完全开发，部分资源量在现有技术经济条件下难以投入开发或不具有开采价值，称为难动用储量。油气资源量动用率指可动用资源量占总资源量的比值。

$$动用率 = \frac{预期可动用资源量}{总资源量} \tag{3.2}$$

动用率直接衡量了资源的利用效率，反映了资源的可利用价值。

（4）单位地震工作量成本

单位地震工作量成本是指地震总投资与地震工作量的比值，可以衡量获取资源所需付出的成本。具体可以分为单位二维地震工作量成本和单位三维地震工作量成本，具体公式如下：

$$单位二维地震工作量成本 = \frac{二维地震综合投资}{二维地震长度} \tag{3.3}$$

$$单位三维地震工作量成本 = \frac{三维地震综合投资}{三维地震面积} \tag{3.4}$$

（5）单位油气储量发现成本

单位油气储量发现成本是一项考核项目勘探效果的相对指标，计算公式如下：

$$单位油气储量发现成本 = \frac{总勘探投资}{经济可采储量} \tag{3.5}$$

经济可采储量是指在目前的经济和技术条件下，具备经济生产能力的油气藏所能采出的油气数量。现阶段的经济可采储量可按已开发的邻近油气田或类似油气藏确定的采收率进行估算。

3.3 海外油气勘探项目经济效益评价指标选取及量化方法研究

海外油气勘探项目经济效益评价指标的选取不同于资源量指标的选择。在进行资源量评价指标体系构建时，主要考虑的是不同评价对象对应的储量级别不同，而在进行经济效益评价时，需要消除不同评价对象的储量级别差异，以预测探明储量为基础，根据滚动勘探、风险勘探的特点采用不同的评价方法，选择差异化的经济效益评价指标。

3.3.1　海外油气勘探项目经济评价方法及指标体系设计思路

海外油气勘探项目受勘探面积、合同期限、资源国监管等因素限制，勘探开发活动更加强调经济效益和投资回收速度，与国内注重可持续勘探开发的评价思路和原则有较大差异。此外，传统的现金流法为保证评价的准确性，需要基于较为成熟的开发方案进行评价，对评价所需的数据要求较高，而海外勘探阶段并无任何开发方案，传统的基于详细油田开发方案的折现现金流法不适合在海外勘探项目经济评价中应用。本书在郭瑞（2017）[142]提出的单位成本折现现金流法基础上，进一步考虑了勘探区块的类型差异，对滚动区块和风险区块选择不同的评价方法和评价指标，以满足海外油气勘探项目评价实际需求。

对于滚动勘探区块，位于开发生产区边缘，地质风险较低，采取逐年发现逐年开发的生产规划。在没有详细开发方案的情况下可以借鉴相邻开发区的开发规划进行模拟开发，产量、投资和成本预测相对准确，可以采用单位成本现金流法进行评价。对于风险勘探区块，地质风险较大，只有在技术经济可行的情况下才会投入开发，否则勘探结束后直接退出。风险区块价值评价受决策影响，存在极大不确定性，这是传统的折现现金流法无法解决的。为了将风险区块的决策特点纳入评价过程，本书在单位成本现金流法的基础上，运用决策树模型对风险区块进行评价。对于包含滚动探区和风险探区的混合区块，应将滚动探区和风险探区作为独立的评价对象进行评价，然后将风险探区和滚动探区的投资和产量加总后作为一个整体进行评价，并考虑滚动探区和风险探区的协同效应，从而得到滚动探区、风险探区和区块整体的价值，在此基础上确定各项评价指标。

3.3.2　滚动勘探项目经济效益评价指标选取和量化方法

3.3.2.1　滚动勘探项目经济效益评价指标选取

滚动勘探项目经济评价采用单位成本折现现金流法，在指标选取过程中，主要参考了国家发展改革委建设部发表的《建设项目经济评价方法与参数》，结合常用的海外油气勘探项目经济效益评价指标，最终选择了净现值、净现值率、内部收益率、动态投资回收期和桶油净现值五个经济效益指标，下面对各指标进行说明和分析。

（1）净现值和净现值率（NPV和NPVR）

净现值是最常用的勘探项目经济效益评价指标，它是指在勘探开发期内，按照基准折现率计算得到的勘探项目净现金流的现值之和。公式如下：

$$NPV = \sum_{t=0}^{n} (CI - CO)_t (1 + i_0)^{-t} \tag{3.6}$$

式中 NPV 为净现值，CI 为项目期内的现金流入，CO 为项目期内的现金流出，$(CI-CO)_t$ 为第 t 年净现金流，i_0 为基准折现率，t 为投资方案的寿命期，$t=0$，1，2，…，n 年，$(1+i_0)^{-t}$ 为第 t 年的折现系数。

净现值是反映勘探项目获利能力的动态评价指标。净现值大于等于零时，认为勘探项目经济可行，反之则认为项目不可行。净现值的大小反映了勘探项目的绝对收益，但是没有反映与投资规模相关的相对收益，无法与其他投资额不同的勘探项目进行比较。净现值率表示项目净现值与投资现值的比值，是一种相对收益，可以在不同勘探项目之间进行比较。计算公式如下：

$$净现值率 = \frac{净现值}{总投资现值} \tag{3.7}$$

（2）内部收益率（IRR）

内部收益率是指净现值等于零时的折现率，反映了勘探项目的盈利能力，内部收益率越高，项目经济效益越好。表达式如下：

$$\sum_{t=0}^{n} (CI - CO)_t (1 + IRR)^{-t} = 0 \tag{3.8}$$

当内部收益率大于基准折现率时，认为项目的盈利性满足要求，项目经济可行。

（3）动态投资回收期

动态投资回收期是指考虑资金的时间价值，项目收回投资所需要的时间，等于累计净现金流的现值等于零时所需要的时间。当项目动态投资回收期小于等于基准投资回收期时，项目可行，否则，项目不可行。计算公式如下：

$$\sum_{t=0}^{P_t} (CI - CO)_t = 0 \tag{3.9}$$

式中 P_t 为动态投资回收期，单位为年。当 $P_t \leq P_c$（行业基准回收期）时，表明项目投资回收期满足行业规定的要求，项目可行。由于该项指标不能反映勘探投资的经济效果，只能作为辅助性指标。

（4）桶油NPV

桶油NPV是指项目净现值与累计产量的比值，反映项目单位产出的效益。桶油NPV越大，说明单位产出的效益越好。桶油NPV的计算公式如下：

$$桶油 NPV = \frac{NPV}{累计产值} \qquad (3.10)$$

桶油NPV大于0表示项目经济效益较好，小于0表示经济效益较差，桶油NPV越大越好。

3.3.2.2 滚动勘探项目经济评价指标量化方法

滚动勘探区块的地质风险较小，靠近开发生产区，评价资料较为丰富，在缺乏具体开发方案的基础上可以借鉴相邻开发区的单位成本数据，采用单位成本现金流法进行评价。该方法是基于传统的净现金流评价理论，根据海外油气勘探项目特点，简化评价参数并保持评价流程，针对投资、成本、收入等参数估算方法进行调整后形成的评价方法。与传统的勘探项目评价方法相比，单位成本现金流法可操作性更强，更适合滚动勘探项目的经济价值评估[142]。

建立经济评价模型需要对勘探开发过程中涉及的地质参数、勘探工程参数、开发参数以及经济评价参数进行模拟。在详细勘探项目评价方法中，勘探投资包括物探投资、钻机拆装和搬运费、勘探井工程投资、配套工程投资四个大项，二维地震、三维地震、磁力勘探费等十多个小项。在单位成本现金流法中，将以上确定勘探投资的参数简化为单一指标即桶油发现成本，桶油发现成本可根据地区历史平均储量发现成本确定。传统勘探项目估算法中开发投资包括开发井投资、采油气工程投资、地面工程投资三大项及钻前工程投资、钻井工程投资、间接费等二十多个小项。在单位成本现金流法中，将以上确定开发投资的参数简化为单一指标即桶油开发成本和单位产能建设投资，桶油开发成本和单位产能建设投资可根据资源区历史数据确定或分析IHS全球资源数据库整理得到。传统现金流的操作成本包括材料、燃料动力费等十多项，在单位成本现金流法中，将以上确定操作成本的参数简化为单位操作成本费和管输费两个指标，单位操作成本费根据资源区历史数据或IHS数据库获得，管输费根据管道长度与产量情况估算。

由简化后的评价参数构建的海外滚动勘探项目经济评价流程如图3.2所示。可见简化后的单位成本现金流评价方法在保留现金流评价流程的同时，极大地简化了评价参数的估算，保证了方法在海外油气滚动勘探阶段的可操作性。

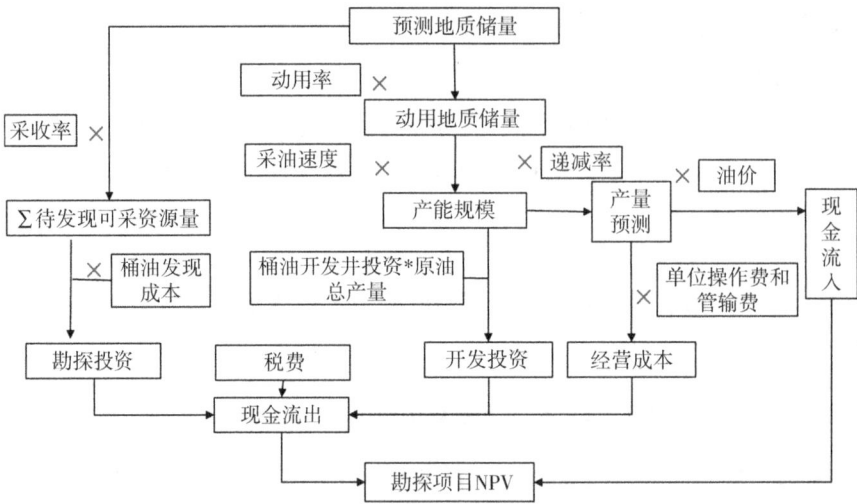

图 3.2　海外滚动勘探项目经济价值评估流程图

（1）预测地质储量

预测地质储量即预计未来发现的探明储量，海外油气勘探项目的最终成果是探明储量，预测可能的探明储量是海外油气勘探经济价值评估的基础。在不同的勘探阶段，根据已掌握的地质资料对目标区可能的探明储量预测有较大差异。针对不同阶段勘探项目的地质任务，对目标区的油气资源量按照储量分类标准分别进行估算，并根据地质分析估计这些资源量未来可能转化为探明储量的期望值。

（2）产能建设预测

产能规模等于探明地质储量乘以开采速度，开采速度可通过相邻或相似油气田数据类比获得。对于滚动勘探项目，采取边勘探边开发的生产模式，每年探明一部分开发一部分，直到全部探明为止。根据资源规模大小，滚动勘探期在5~8年，滚动勘探开发产量剖面如图3.3所示。

（3）销售收入预测

销售收入可通过计算油气产量、油气商品率、油气销售价格的乘积求得。对销售收入进行预测，首先需要预测油气产量和销售价格。

①产量预测

滚动勘探项目采用边勘探边开发的生产模式，每年发现的储量次年投入开发形成产量剖面，各年产量加总得到区块整体产量剖面。各年的产量剖面稳产一年然后开始递减。原油产量递减规律主要有指数、双曲、调和递减三种形式，递减期产量按照稳产期产量和自然递减率逐年计算。Arps递减曲线公式中的递减指数取值不同形成了指数、双曲、调和三种递减形式。油田递减期产量变化更多情况下符合双曲递减，较少部分符合指数递减，但指数递减求解方便且与双曲递减求得的产量较为接近，指数递减的应用更为普遍。本书采用指数递减进行产量预测，滚动勘探期年产量和销售收入计算公式如下：

$$分年产量：q_{it} = N_i \cdot V \cdot e^{-D_i t} \tag{3.11}$$

$$总产量：Q_t = \sum_{i=1}^{T} q_{it} \tag{3.12}$$

$$销售收入：R_t = (f_s Q_t - q_n) \times p + q_n \times p_n \tag{3.13}$$

其中，N_i 为第 i 年的预测探明储量，V 为开采速度，D_i 为初始递减率，q_{it} 为第 i 年探明的储量在第 t 年的产量，Q_t 为各分年产量合计，T 为滚动勘探期，f_s 为商品率、q_n 为承包商国内义务销售量，p 为考虑贴水的国际油价，p_n 为国内义务销售油价。

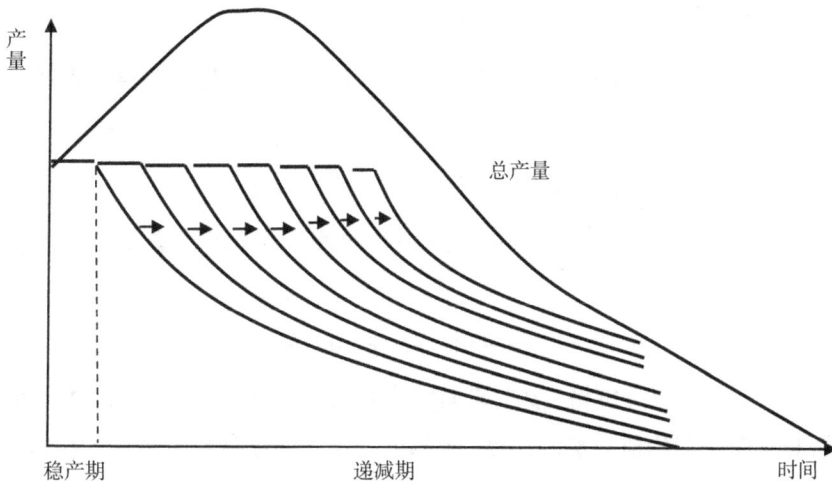

图 3.3　滚动勘探项目产量剖面示意图

②油价预测

油价是影响勘探项目经济效益的关键因素，因此有必要对油价的变化趋势和波动规律进行深入研究，基于已有研究存在的不足，需要对国际油价的非对称均值回复跳跃过程进行研究。油价数据选择 1999 年 12 月 30 日到 2018 年 1 月 8 日共 20 年的 Brent 现货日价格，如图 3.4 所示，从 1999 年末开始，国际原油价格不断上涨，在 2008 年 7 月达到最高值 141.67$/bbl 后开始跳跃性下降到 35.38$/bbl。金融危机过后，随着全球经济复苏，国际油价开始快速回升，徘徊在 100$/bbl。2014 年 7 月起，国际油价再次经历断崖式下跌，2016 年 1 月达到最低值 26.01$/bbl 后开始缓慢回升。从长期趋势来看，油价有向均值回复的趋势，但是在短期，受地缘政治、战争、OPEC 政策调整等因素影响，存在明显的跳跃性。传统的油价均值回复跳跃扩散模型并没有考虑到油价向均值回复的不对称性，使得油价预测不够准确，也影响了油气项目的评价结果，因此需要在均值回复跳跃扩散模型的基础上，建立油价的非对称均值回复跳跃扩散模型。

图 3.4　1999 年 12 月 30 日至 2018 年 1 月 8 日的 Brent 现货日价格走势图

雷丁轲[51]认为油价对数服从带跳跃的均值回复过程，公式表述如下：

$$\text{d}\ln S_t = (\alpha - \beta \cdot \ln S_t)dt + \sigma dz_t + J_t dN_t \tag{3.14}$$

式中，α、β 和 σ 为常数，为了使上式中的参数更具有经济意义，上述模型通常被写成：

$$\text{d}\ln S_t = k(\mu - \ln S_t)dt + \sigma dz_t + J_t dN_t \tag{3.15}$$

其中 S_t 表示原油现货价格，μ 是原油价格对数的平均值，k 是均值回复速度，反映了价格对数向长期均值靠拢的速度，k 越大，回归速度越快，σ 是价格对数的波动率，反映了非重大事件导致的油价随机波动，z_t 是标准布朗运动，$dz_t \sim (0, dt)$，反映了没有重大事件时价格变化的不确定性，N_t 是泊松过程，反映重大事件发生的不确定性，J_t 反映了重大事件发生时油价对数的变化，假定 J_t 是独立正态分布的随机变量，即 $J_t \sim (\alpha, \beta^2)$。

在上述均值回复跳跃扩散模型中，k 为常数，难以反映均值回复过程的非对称性。为了反映均值回复过程的非对称性，可以在上述模型的基础上引入虚拟变量，公式表述如下：

$$\text{d}\ln S_t = (\alpha - \beta_1 \cdot \ln S_t + D_t \cdot \beta_2 \cdot \ln S_t)dt + \sigma dz_t + J_t dN_t$$
$$D_t = \begin{cases} 1 & S_t \geqslant \bar{S} \\ 0 & S_t < \bar{S} \end{cases} \tag{3.16}$$

上式也可写成：

$$\text{d}\ln S_t = \begin{cases} (\alpha - \beta_1 \cdot \ln S_t + \beta_2 \cdot \ln S_t)dt + \sigma dz_t + J_t dN_t & S_t \geqslant \bar{S} \\ (\alpha - \beta_1 \cdot \ln S_t)dt + \sigma dz_t + J_t dN_t & S_t < \bar{S} \end{cases} \tag{3.17}$$

式中D_t为虚拟变量，当油价高于长期均值时取1，低于均值时取0。α、β_1和β_2为常数，当油价高于均值时，均值回复速度k_1为$(\beta_1-\beta_2)$。当油价低于均值时，均值回复速度k_2为β_1。

根据极大似然法原理，可以通过构造样本的联合密度函数并求其极大值进行参数估计，以上述方程为例，首先对其离散化，得到：

$$r_t - r_{t-1} = (\alpha + (\beta_1 + D_t \cdot \beta_2)r_{t-1})h + \varepsilon_t + Y_t J(\mu_J, \sigma_J) \tag{3.18}$$

式中，$\varepsilon_t = \sigma\sqrt{h}\eta$，$\eta \sim N(0, 1)$，$Y_t$取值为0或1，当跳跃以概率$\lambda$发生时，$Y_t$为1，其他情况$Y_t$为0。联合概率密度函数可以写为：

$$L(\alpha_1, \alpha_2, \beta_1, \beta_2, \sigma, \lambda, \mu_J, \sigma_J)$$

$$= \lambda \frac{1}{\sqrt{2\pi(\sigma^2 + \sigma_J^2)}} \exp\left(\frac{-(r_i - r_{i-1} - (\alpha - (\beta_1 - D_t \cdot \beta_2)r_{t-1})h - \mu_J)}{2(\sigma^2 + \sigma_J^2)}\right)$$

$$\times (1-\lambda) \frac{1}{\sqrt{2\pi\sigma^2}} \exp\left(\frac{-(r_i - r_{i-1} - (\alpha + (\beta_1 - D_t \cdot \beta_2)r_{t-1})h)}{2\sigma^2}\right) \tag{3.19}$$

对上式取对数，求LnL的极大值即可求得各项参数，结果如表3.1所示。

表 3.1　非对称均值跳跃扩散模型参数估计

参数	α	β_1	β_2	σ	
估计值	0.0018	0.9275	0.1549	0.0181	
Z value	5.36***	17.48***	2.66***	43.14***	
参数	u	γ	λ	K_1	K_2
估计值	−0.0105	0.0460	0.0838	0.7726	0.9275
Zvalue	−3.15***	11.35***	4.83***		

注：*，**，***表示10%，5%，1%的显著性水平。

根据参数估计结果建立油价的非对称均值回复跳跃扩散模型，利用MATLAB对未来30年的油价进行1000次模拟，模拟结果如图3.5和图3.6所示。图3.5所示为单次模拟结果，从模拟结果来看，既考虑了油价向均值回复的特点，也突出了价格的波动跳跃特性和非对称性，与现实更加符合。图3.6为1000次的模拟结果。

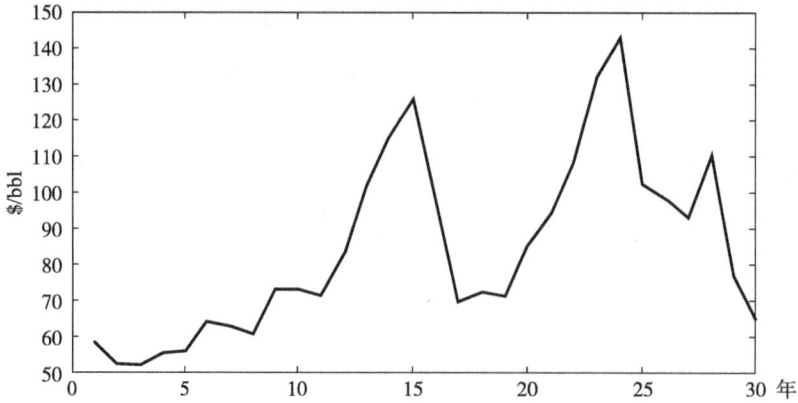

图 3.5 基于非对称均值回复跳跃扩散模型的单次模拟结果

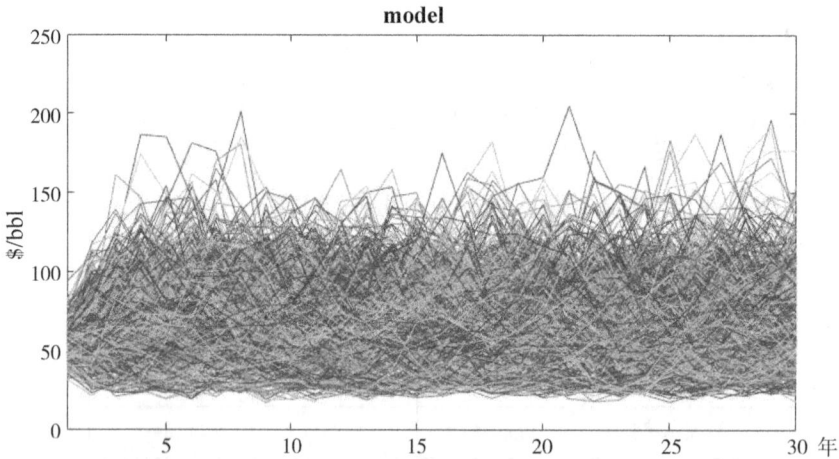

图 3.6 基于非对称均值回复跳跃扩散模型的 1000 次模拟结果

（4）勘探投资估算

勘探投资主要通过勘探工作量估算，由于海外油气合同中规定有最低勘探义务工作量，那么可以按照合同最低义务工作量和达到勘探目标所需的后续工作量预测相应的勘探投资。在预测勘探投资时可以采用桶油发现成本进行估算。桶油发现成本 = 勘探投资 / 经济可采资源量。勘探投资计算公式如下：

$$I_e = c_e \times N \tag{3.20}$$

其中，I_e 为勘探投资，c_e 为桶油发现成本，N 为经济可采资源量。

（5）开发投资估算

滚动勘探项目由于已有开发区块且距离现有开发区块较近，可以利用已有设施，如果投入开发只需要新增钻井相关投资，因此开发投资较低。开发投资估算只考虑钻井工程投资，评价数据参考已有开发区块实际数据。

开发投资估算建立在开发方案基础上，在勘探阶段并没有规划相关的开发方案，只能根据目标资源区邻近区块的开发规划类比分析。开发投资可以采用单位开发成本作为估算的基准参数，估算开发投资时可根据如下公式计算：

$$I_d = c_d \times Q \tag{3.21}$$

其中，I_d 为开发投资，c_d 为单位开发投资，Q 为生产期总产量。

（6）流动资金估算

流动资金是在生产期投入的周转资金，项目结束时，流动资金退出生产并以货币的形式收回。流动资金的估算通常按照油气资产的 1% ~ 5% 确定。

（7）操作成本估算

海外油气勘探项目转为开发后，油田产量经历上产期、稳产期和递减期阶段。油田各阶段操作成本预测方法如下：

$$\begin{cases} \text{上产期操作成本：} c_s = c_o \cdot N \cdot v \cdot \dfrac{t}{T_1} & t \in T_1 \\ \text{稳产期操作成本：} c_w = c_o \cdot N \cdot v & t \in T_2 \\ \text{递减期操作成本：} c_d = c_o \cdot N \cdot v \cdot e^{-D_j t} & t \in T_3 \end{cases} \tag{3.22}$$

其中，N 表示探明地质储量，v 表示设计采油速度，c_o 为单位操作成本，T_1、T_2、T_3 分别表示上产期、稳产期和递减期。

（8）折耗与摊销估算

折耗是为了补偿生产过程的损耗而预提的费用。海外油气资产折耗和摊销的处理遵循资源国合同条款，若财税条款中规定折耗和摊销可以抵税，那么可在应纳税中扣除，若折耗和摊销可以回收，则折耗和摊销计入成本。折耗的计算方法包括平均年限法、工作量法和加速折旧法等，这些方法都非常成熟，不再赘述。

（9）税费估算

海外油气合作经营项目有多种税制，不同资源国即使采用相同合同模式，具体项目的财税条款复杂程度和计算方法也不尽相同。在国际合同中税收篱笆圈限制了成本回收和应税收入中费用扣除的范围，它规定了成本、收入和税基合并的范围。有的国家以合同区为税收篱笆圈，有的则以一个企业或国家为税收篱笆圈。海外油气项目面临的税收包括公司所得税、增值税、关税、出口收益税、预提税和附加利润税等。此外，海外油气合作项目会出现国际双重征税情况，即指两个或两个以上国家，在同一时期，对参与国际活动的同一纳税人或不同纳税人的同一征税对象或税源进行重复征税。通常可采用免税法、扣除法、抵免法或减免法来免除国际重复征税。

基于上文对海外油气勘探项目经济价值评估参数的分析，可构建单位成本现金流经济价值评估模型。海外油气勘探本身不能构成完整的投入产出经济系统，只有配合开发建成生产能力并采出原油后，才能实现海外油气勘探的价值。

海外油气勘探项目根据不同地质储层条件下待发现的资源量估算勘探投资。针对待发现资源量进行开发方案概念设计，根据财税条款计算现金流入和流出，计算净现值。针对海外油气勘探项目特点，建立旷税制、产品分成制合同的单位成本现金流评价模型如下：

$$\text{NPV} = \sum_{t=T_1+1}^{T_1+T_2+T_3} \left[R_t - c_o \cdot q_t - i_{kf} \cdot q_t \cdot p - \left(R_t - c_o \cdot q_t - i_{kf} \cdot q_t \cdot p - c_{zjt} \right) \times \right.$$

$$\left. f_{gc} - c_{taxt} \right] \times (1+i_o)^{-t} - \sum_{t=1}^{T_1} I_{et} \times (1+i_o)^{-t} - \sum_{t=T_1+1}^{T_1+T_2} I_{dt} \times (1+i_o)^{-t} -$$

$$\sum_{t=T_1+1}^{T_1+T_2} I_{lt} \times (1+i_o)^{-t} - \sum_{t=1}^{T_1+T_2+T_3} (c_{dzt} + c_{pt} + c_{djt}) \times (1+i_o)^{-t} - c_s +$$

$$\sum_{t=T_1+1}^{T_1+T_2} I_{lt} \times (1+i_o)^{-(T_1+T_2+T_3)} \tag{3.23}$$

建立的服务合同的单位成本现金流评价模型如下：

$$\text{NPV} = \sum_{t=T_1+1}^{T_1+T_2+T_3} \left[R_{st} - c_o \cdot q_t - i_{kf} \cdot q_t \cdot p - \left(R_{st} - c_o \cdot q_t - i_{kf} \cdot q_t \cdot p - c_{zjt} \right) \times \right.$$

$$\left. f_{gc} - c_{tax} \right] \times (1+i_o)^{-t} - \sum_{t=1}^{T_1} I_{et} \times (1+i_o)^{-t} - \sum_{t=T_1+1}^{T_1+T_2} I_{dt} \times (1+i_o)^{-t} -$$

$$\sum_{t=T_1+1}^{T_1+T_2} I_{lt} \times (1+i_o)^{-t} - \sum_{t=1}^{T_1+T_2+T_3} c_{pt} \times (1+i_o)^{-t} - c_s + \sum_{t=T_1+1}^{T_1+T_2} I_{lt} \times$$

$$(1+i_o)^{-(T_1+T_2+T_3)} \tag{3.24}$$

其中，R_t 为第 t 年收入，R_{st} 为第 t 年服务费收入，p 为考虑贴水的国际油价，p_n 为国内义务销售油价，q_n 为国内义务销售量，f_{gc} 为政府分成比例，T_1、T_2、T_3 为勘探期、开发期和生产期，I_{et} 为第 t 年的勘探投资，I_{dt} 为第 t 年开发投资，I_{lt} 为第 t 年流动资金投资，c_o 为单位产量操作成本，i_{kf} 为矿区使用费费率，c_{dzt} 为第 t 年地租，c_{pt} 为第 t 年培训费，c_{djt} 为第 t 年定金，c_s 为签字费，c_{zjt} 为第 t 年折旧和摊销，c_{taxt} 为第 t 年税费。

3.3.2.3 油价、投资和操作成本相关性对经济评价结果的影响

油价是影响海外油气勘探项目投资决策的重要因素，随着国际油价发生变化，跨国石油公司的勘探战略也会发生变化。在高油价时期，石油公司更有动力增加勘探开发投资，增加储量和产量，赢得超额收益。在低油价时期，油气公司整体利润下滑，通过缩减勘探开发投资，降低成本实现效益勘探。

从不同角度分析油价、投资和操作成本之间的相关性会得出不同的结论，对海外油气项目投资决策的影响也存在差异。下文从石油公司层面和项目层面深入分析油价、勘探开发投资和操作成本之间的相关性及其对项目评价的影响。

（1）基于公司层面的油价、投资和成本相关性研究

从整个公司层面看，油价是影响投资决策的主要因素。在高油价时期，企业更倾向于增加勘探开发投资，获取超额利润。在低油价时期，利润大幅下降，勘探开发投资也相应减少。本书收集了中石油、中石化、BP、壳牌、埃克森美孚和道达尔等六家大型跨国石油公司 2001—2016 年的勘探开发投资和油价数据，如表 3.2 和图 3.7 所示。从投资规模来看，中石油的平均投资规模最大，波动也最大，中石化的投资规模最小。从变化趋势来看，除壳牌和道达尔外，各石油公司的勘探开发投资与油价均存在强相关性，与油价的变化趋势一致。

表 3.2　主要石油公司历年勘探开发投资和油价

年份	油价 （美元/桶）	中石化 （百万美元）	BP （百万美元）	中石油 （百万美元）	壳牌 （百万美元）	埃克森美孚 （百万美元）	道达尔 （百万美元）
2001	26	2450	7960	4977	—	7679	4915
2002	26	2444	8343	5567	—	8968	4868
2003	31	2518	8361	6435	—	9791	4363
2004	41	2664	8309	7886	9578	8883	4771
2005	57	3037	8944	10943	10576	10331	5754
2006	66	4569	10874	15146	15027	12516	6906
2007	72	7978	13039	19654	15734	13332	8020
2008	100	8516	18556	19201	16083	16905	8639
2009	62	7981	14067	19975	18834	20241	8857
2010	80	7782	17627	23767	17385	26265	8953
2011	95	9096	22447	25106	16857	28193	12290
2012	94	12526	18525	35994	27260	30343	19454
2013	98	14335	18850	36552	32118	30779	19546
2014	93	12900	19090	35627	32286	30320	22983
2015	49	10290	15605	23273.13	26901	22874	20485
2016	43	6549	15953	19802.34	17308	12511	14095
均值	78	9320	16785	24918	21436	22207	13657
方差	19	2798	3118	7282	6460	7115	5654
相关系数		0.81	0.85	0.83	0.49	0.81	0.56

数据来源：油价来自 EIA 公布的 WTI 期货价格，勘探开发投资根据各大石油公司年报整理。

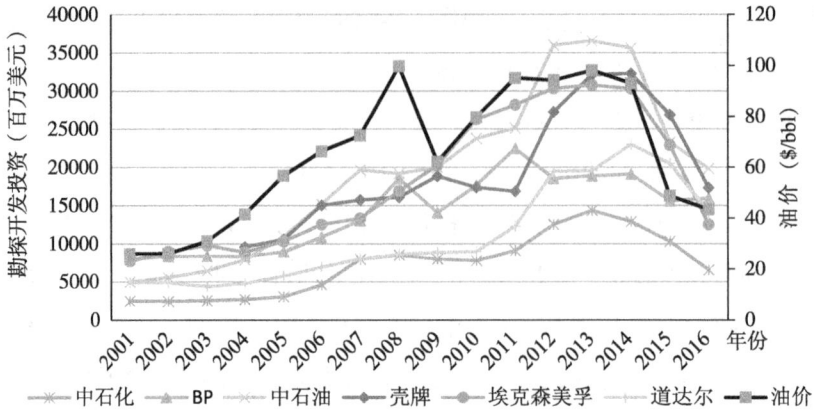

图 3.7 主要石油公司勘探开发投资和油价趋势图

如表 3.3 和图 3.8 所示，为了分析油价和操作成本之间的相关性，收集整理了中石化、BP、中石油、壳牌和埃克森美孚五家油企的桶油操作成本和油价数据。从均值看，国内石油公司的桶油操作成本较高，其中中石化的桶油操作成本最高，达到12.31\$/bol。国外跨国石油公司的桶油操作成本较低，其中BP的桶油操作成本最低，为7.27\$/bol。从变化趋势来看，油价和桶油操作成本变化趋势基本一致，两者存在强相关性。

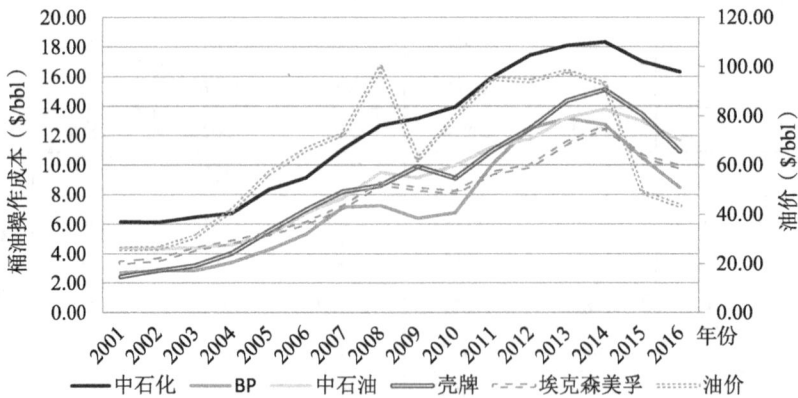

图 3.8 2001—2016 年主要石油公司桶油操作成本和油价趋势图

表 3.3 2001—2016 年主要石油公司桶油操作成本和油价

单位：美元/桶

年份	油价	中石化	BP	中石油	壳牌	埃克森美孚
2001	25.95	6.15	2.70	4.37	2.41	3.39
2002	26.15	6.12	2.83	4.34	2.83	3.58
2003	30.99	6.47	2.84	4.39	3.19	4.31
2004	41.47	6.72	3.41	4.61	4.02	4.78

续　表

年份	油价	中石化	BP	中石油	壳牌	埃克森美孚
2005	56.70	8.34	4.28	5.28	5.54	5.36
2006	66.25	9.13	5.31	6.74	6.95	6.04
2007	72.41	11.07	7.14	7.75	8.19	7.14
2008	99.75	12.69	7.24	9.48	8.61	8.72
2009	62.09	13.17	6.39	9.12	9.88	8.36
2010	79.61	13.94	6.77	9.97	9.10	8.14
2011	95.11	16.00	10.08	11.23	11.00	9.45
2012	94.15	17.43	12.50	11.74	12.47	9.91
2013	98.05	18.08	13.16	13.23	14.35	11.48
2014	92.99	18.32	12.75	13.76	15.10	12.55
2015	48.79	17.00	10.46	12.98	13.42	10.56
2016	43.40	16.31	8.46	11.67	10.92	9.86
均值	64.62	12.31	7.27	8.79	8.62	7.73
方差	25.81	4.47	3.54	3.36	4.04	2.79
相关系数		0.72	0.76	0.70	0.73	0.74

（2）基于项目层面的油价、投资和成本相关性研究

基于公司层面的油价、投资和操作成本分析可以帮助我们了解企业在不同油价下的投资策略，指导企业进行整体投资规划。对于单个项目而言，不同项目的投资环境、地质条件和盈利能力不同，应采取差异化的投资策略，因此适用于企业的油价、投资变化规律并不一定适用于单个项目。本书分别选择了三个地区油气勘探项目的勘探开发投资和操作成本（见表3.4），分析对于单个项目而言，油价、投资和操作成本之间的相关性。

从勘探开发投资来看，只有A项目的投资和油价表现出强相关性，其他两个项目的投资与油价相关性都不明显。从操作成本来看，三个项目的操作成本和油价都表现出强相关，变化趋势一致。对于单个项目而言，油价、投资和操作成本之间的变化规律不同于企业层面的变化规律，油价和操作成本之间存在强相关性，但是油价与勘探开发投资变化并不存在明显的一致性。造成这种现象的原因主要有以下两点：一是勘探开发具有明显的阶段性，勘探期以勘探投资为主，随着地质认识的加深，勘探投资逐步下降。进入开发期后，前期需要钻开发井，进行地面工程建设，

开发投资高。随着产量开始递减，开发投资也逐步减少，受地质因素和产量变化规律影响较大。例如，对一个进入递减期的油田，开发投资逐渐减少，即使油价不断上涨，也难以改变产量递减、投资下降的变化趋势。油价的变化受整个行业周期的影响，与单个项目的生命周期并不重叠，因此单个项目的投资和油价并不存在明显相关性。但是企业的投资要受到整个行业周期的制约，因此企业的投资与油价表现为正相关。二是企业在不同油价下对勘探项目采取差异化的投资策略。高油价时期，企业更倾向于投资那些资源规模大，未来前景好的勘探项目。低油价时期，企业利润下滑，整体投资规模下降，更愿意投资那些成熟的滚动勘探项目。企业在不同油价下对不同项目采取不同的投资策略，高油价下并不是所有项目都会增加投资，低油价下也不是所有项目都会降低投资，而是采取差异化的投资策略，因此项目的投资变化和企业的投资变化趋势并不完全一致。

表 3.4　项目实际勘探开发投资、操作成本和油价数据

| 年份 | 项目A | | 项目B | | 项目C | | 油价 |
	勘探开发投资（万美元）	操作成本（万美元）	勘探开发投资（万美元）	操作成本（万美元）	勘探开发投资（万美元）	操作成本（万美元）	（美元/桶）
1998	5223	3807	85431	—	—	—	14
1999	1555	3165	2219	3252	—	—	19
2000	7899	5356	15898	8623	—	—	30
2001	18422	4918	25507	8716	—	—	26
2002	23493	14837	23569	13516	35664	47327	26
2003	29039	13746	27950	16038	75488	53654	31
2004	31602	19140	39214	17913	154994	64349	41
2005	30997	23025	51161	25640	95636	107660	57
2006	38656	24946	60685	30418	68912	134665	66
2007	59604	25917	61881	29698	63506	119953	72
2008	75871	48965	72351	33188	118163	119001	100
2009	61243	35141	34872	30452	92950	114450	62
2010	81182	38799	24520	28773	117742	112568	80
2011	63561	41064	30850	26846	61633	113591	95
2012	79502	45241	20640	17805	57291	106588	94
2013	125146	51882	34224	21014	77343	121616	98
相关系数	0.90	0.97	0.16	0.78	0.55	0.87	

数据来源：根据海外勘探项目历史数据整理。

对于操作成本，无论是企业层面还是项目层面，都与油价表现出强相关性。在低油价时期，部分项目勘探开发投资下降，产量下降，操作成本也相应下降，但是对于优质项目，在投资和产量都没有出现明显下降的前提下，操作成本与油价变化依然一致，说明桶油操作成本出现下降。高油价下同理，在部分项目投资和产量变化不大基础上，操作成本依然与油价变化一致，说明桶油操作成本出现上升。图3.9为项目A、B、C桶油操作成本和油价的走势图，相关系数分别为0.98，0.88和0.85。油价和桶油操作成本的强相关性是客观存在的规律，两者之间存在直接和间接的传导机制，已有文献进行了深入探讨[139]，不再赘述。

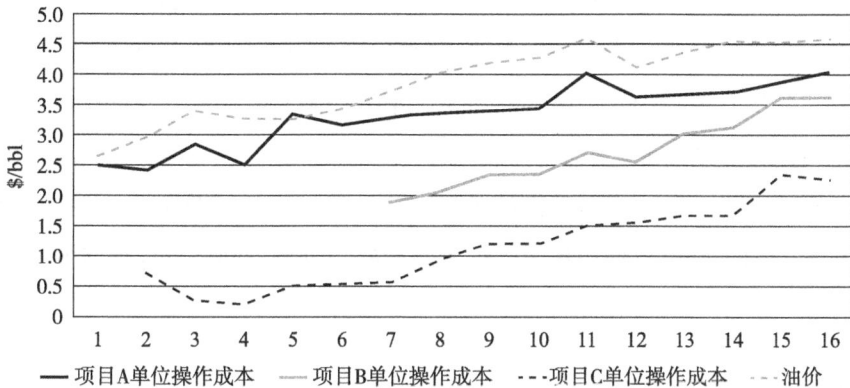

图3.9　项目桶油操作成本与油价走势图

对于项目评价优选而言，更关注的是油价和操作成本之间的相关性是否会对评价结果产生影响。本书在考虑相关性的基础上提出了油价—操作成本随机相关的经济评价模型，对单位成本现金流法进行改进。油价采用非对称均值回复跳跃扩散模型进行模拟，结合油价与操作成本的相关性，构造油价与操作成本的随机相关模型。

上文已经建立了油价的非对称均值回复跳跃扩散模型，并对未来30年的油价进行了模拟。杨建（2012）[143]证明，当两个独立变量不完全相关时，可通过乔里斯基分解将独立的随机变量转变为相关的随机变量，从而构造出两列相关的随机数。在整个项目期内，桶油操作成本不是固定不变的，而是随产量、油价和物价水平等因素变化。假设桶油操作成本的变化服从三角分布，根据历史最高值、最低值和平均值确定三角分布的参数，对桶油操作成本进行模拟，并且满足与油价的相关系数（根据项目平均值选择相关系数为0.7）。油价和操作成本随机相关模型构建思路如下。

① 确定三角分布的基本参数，最大值、最小值和最可能值，对桶油操作成本进行模拟。

②通过乔里斯基分解将独立的油价序列和三角分布序列转变为相关的随机变量。

③ 将上一步得到的相关随机序列正态化，用于产生新的三角分布，此时的桶油操作成本既满足三角分布，同时与油价序列满足特定的相关系数。

以项目 B 为例，单位操作成本的最大值、最小值和最可能值分别为23.98\$/bbl、13.99\$/bbl 和 19.98\$/bbl，构造三角分布如下图 3.10 所示。此时的桶油操作成本变化虽然满足三角分布，但是与油价的相关系数为 0.04，远小于 0.7 的要求。因此通过乔里斯基分解将独立的油价序列和三角分布序列转变为相关的随机变量并正态化，并用正态化后的随机变量构建新的三角分布，结果如图 3.11 所示，满足三角分布的同时，与油价的相关系数也达到了 0.74。

将构建的油价-操作成本随机相关模型代入滚动勘探项目的经济评价模型中，即可得到海外油气勘探项目的各项经济效益指标，对海外油气勘探项目的评价更加贴合实际。

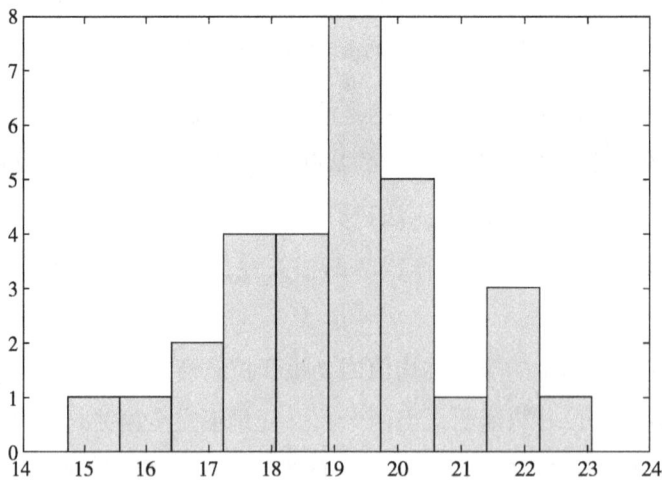

图 3.10 桶油操作成本的三角分布——与油价不相关

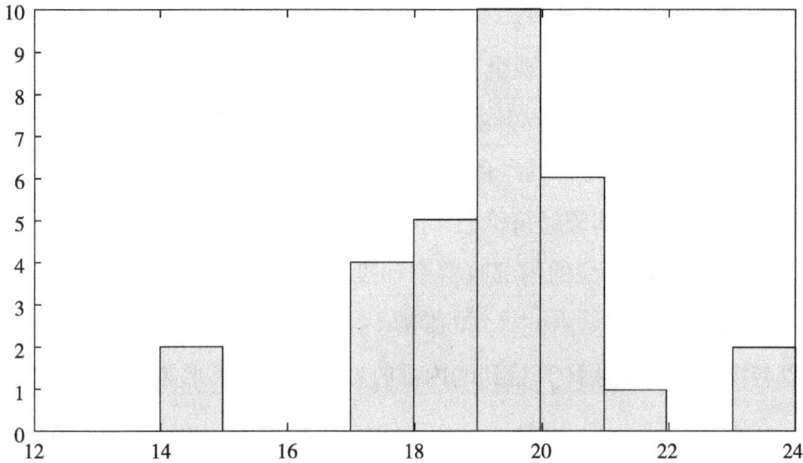

图 3.11 桶油操作成本的三角分布——与油价相关

3.3.3 风险勘探项目经济评价指标体系构建和量化方法

3.3.3.1 风险勘探项目经济评价指标选取

风险勘探项目采用决策树方法进行评价，不同于滚动勘探项目采用的折现现金流法。两种方法在概念和计算方式上存在差异，但都是在现金流的基础上进行计算。为了比较风险勘探项目和滚动勘探项目，在风险勘探项目评价指标的选取上要与滚动勘探项目具有可比性，基于这一原则，选择或设计如下风险勘探项目经济效益评价指标。

（1）期望经济价值和期望经济价值率（EMV 和 EMVR）

在决策树评价模型中，与净现值指标相对应的指标是期望经济价值（EMV），两者虽然在概念和计算方法上存在一定差异，但都是以货币形式表示投资项目的盈利能力，具有较强的可比性，因此选择 EMV 作为衡量风险勘探项目经济价值的指标。同理可构造期望经济价值率（EMVR），即期望经济价值与投资现值的比值，作为期望净现值率的对比指标。

（2）期望内部收益率和期望投资回收期（EIRR 和 EPB）

在决策树模型中，并不存在内部收益率和投资回收期的概念，这是由于如果项目勘探失败后，只有投入没有产出，无法计算内部收益率。虽然开发阶段的内部收益率可以计算，但是忽视了前期投资，高估了收益，不适合作为风险勘探项目的内部收益率。本书在原有决策树模型的计算上，构建了概率现金流模型，实现对内部收益率和动态投资回收期的计算。

图3.12为决策树模型概率现金流构造示意图。勘探阶段的现金流乘以勘探失败概率，开发阶段的现金流乘以开发概率，即可得到与决策树模型等价的概率现金流。基于概率现金流计算得到的净现值和期望经济价值存在如下关系：

$$期望经济价值 = 概率现金流净现值$$

因此可认为决策树模型的内部收益率和投资回收期等于概率现金流计算得到的内部收益率和投资回收期。由此得到的期望内部收益率和期望投资回收期（EIRR和EPB）可以与折现现金流法计算得到的内部收益率和投资回收期进行比较。

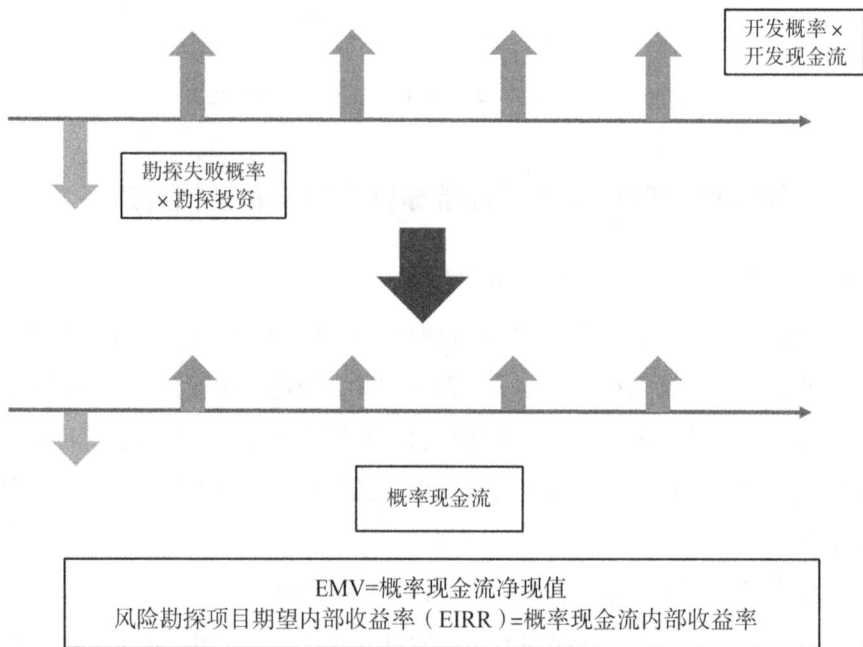

图 3.12　基于决策树模型的概率现金流

（3）桶油EMV

同理，在得到风险勘探项目的期望经济价值时，根据风险勘探项目的累计产量可以计算得到风险勘探项目的桶油期望经济价值，计算公式如下：

$$桶油\,EMV = \frac{EMV}{累计产量} \tag{3.25}$$

3.3.3.2　风险勘探项目经济评价指标量化方法

风险区块与滚动区块不同，勘探程度较低，资源的不确定性较大，未来是否投入开发取决于区块是否存在资源，以及存在资源的前提下是否具有商业开发价值，这就涉及风险区块的地质成功率和投入开发后的商业化成功率。只有同时满足以上两个条件才会进一步投入开发。因此，风险区块在勘探期结束后选择开发的概率为地质成功率与商业化成功率的乘积，定义为勘探项目经济成功率[142]，即：

$$P_E = P_G \cdot P_C \qquad (3.26)$$

其中，P_E 为经济成功率，P_G 为地质成功率，P_C 为商业化成功率。

（1）地质成功率

油气项目地质成功率通常用地质风险系数来表示，地质风险主要由有效烃源岩、有效盖层、时间匹配、有效运移、有效圈闭、有效保存、储层七个独立地质风险参数组成，通过地质专家对勘探项目影响参数进行 0～1 赋值，可以计算该项目的地质成功率（含油气概率）[144]：

$$P_G = P_{Sr} \cdot P_S \cdot P_{T1} \cdot P_M \cdot P_T \cdot P_P \cdot P_{Ra} \cdot P_{Rb} \qquad (3.27)$$

式中，P_G 为地质成功率，P_{Sr} 为有效烃源岩，P_S 为有效盖层，P_{T1} 为时间匹配，P_M 为有效运移，P_T 为有效圈闭，P_P 为有效保存，P_{Ra} 为区域储层，P_{Rb} 为有效储层。地质成功率也可以采用探井成功率来表示。Evaluate Energy 统计了全球 72 家油气公司在 2006 年到 2007 年的探井成功率，如下表 3.5 所示，平均探井成功率为 70%。但是该统计结果没有区分滚动区块和风险区块。根据 ifp school[145] 的统计资料，靠近生产区域的风险探区探井成功率在 65% 左右，风险勘探区块的地质成功率在 20% 左右。基于上述统计数据，混合区块风险探区地质成功率相对较高，约为 65%，风险区块地质成功率较低，在 20% 左右。具体项目的探井成功率均存在一定差异，评价中以项目实际探井成功率作为地质成功率。缺乏相应数据的区块可以采用统计平均数进行估算，风险区块地质成功率为 20%，靠近滚动探区的风险探区地质成功率为 65%。

表 3.5　全球油气公司 2006—2007 年探井成功率

序号	全球油气公司	探井成功率（%）		序号	全球油气公司	探井成功率（%）	
		2006	2007			2006	2007
1	Anadarko Petroleum Corp.	87	70	7	Bill Barrett Corporation	—	51
2	Apache Corporation	64	41	8	Black Hills Corp	90	92
3	Apco Oil and Gas International Inc	25	68	9	Brigham Exploration Company	—	22
4	Approach Resources Inc	100	—	10	Cabot Oil & Gas Corp.	58	42
5	ATP Oil & Gas Corp.	100	80	11	Callon Petroleum	41	57
6	Berry Petroleum Company LLC	75	100	12	Carrizo Oil & Gas, Inc	—	99

序号	全球油气公司	探井成功率（%）		序号	全球油气公司	探井成功率（%）	
		2006	2007			2006	2007
13	Chesapeake Energy Corp.	99	99	43	McMoRan Exploration Co.	67	88
14	Chevron Corporation	71	73	44	MDU Resources Group	80	44
15	Chevron Corporation（Hess）	65	30	45	Murphy Oil Corporation	73	33
16	Cimarex Energy Co.	34	74	46	National Fuel Gas	76	87
17	Clayton Williams Energy, Inc.	—	58	47	Newfield Exploration Company	82	54
18	Comstock Resources	—	29	48	Noble Energy	40	77
19	Concho Resources Inc	—	98	49	Occidental Petroleum Corporation	10	36
20	ConocoPhillips	65	81	50	PDC Energy, Inc.	—	4
21	ConocoPhillips（Hess）	65	81	51	Penn Virginia Corporation		76
22	Continental Resources	—	92	52	Petrohawk Energy Corp	92	96
23	Denbury Resources Inc.	56	65	53	PetroQuest Energy, Inc	—	90
24	Devon Energy Corporation	89	94	54	Pioneer Natural Resources Company	93	81
25	Dominion Energy, Inc.	85	—	55	Plains Exploration & Production	49	87
26	El Paso Corp	95	95	56	Pogo Producing Company	66	—
27	Energen Corp	—	99	57	Questar	15	43
28	Energy XXI Gulf Coast, Inc.	—	44	58	Quicksilver Resources Inc	97	88
29	EOG Resources	74	80	59	Range Resources Corporation		64
30	EPL Oil & Gas Inc	76	42	60	Rosetta Resources Inc.	—	60
31	EXCO Resources, Inc.	—	42	61	SandRidge Energy, Inc.	—	84
32	ExxonMobil	64	54	62	SilverBow Resources, Inc.	—	40
33	ExxonMobil（Hess）	64	54	63	SM Energy Company	84	70
34	Forest Oil Corporation	94	91	64	Southwestern Energy Co.	95	95
35	Goodrich Petroleum Corporation	—	100	65	Stone Energy Corporation	27	50
36	Gulfport Energy Corporation	—	75	66	Ultra Petroleum Corporation	99	100
37	Helix Energy Solutions Group	76	91	67	Unit Corp	52	68
38	Hess Corp	67	73	68	Venoco	79	83
39	Houston Exploration Company	77	—	69	Virtual E&P Sector	82	78
40	Kodiak Oil & Gas Corp.	80	61	70	W & T Offshore	—	86
41	Marathon Oil Corp.	77	65	71	Whiting Petroleum Corporation	—	98
42	Mariner Energy	—	55	72	XTO	53	73

数据来源：Evaluate Energy: http://evaluateenergy.com/index.html。

（2）商业化成功率

对于商业化成功率的计算，部分学者认为油气勘探项目的商业化成功率是指区块实现勘探发现后，区块预计资源量大于最小经济资源量（MER）的概率。但是考虑到不同油价下的 MER 是不同的，难以确定一个合适的最小经济资源量。此外，在实现勘探发现后，最大的风险是油价风险，因此对商业化成功率的计算应主要考虑油价的不确定性。本书中，油气勘探项目的商业化成功率是指区块实现勘探发现后，针对期望资源量进行开发方案设计，结合合同模式和财税条款，考虑油价的不确定性求解期望资源量的开发价值，开发价值大于 0 的概率即为商业化成功。在计算商业化成功率时采取"瞻前不顾后"原则，即经济评价只考虑决策点未来的投入和产出，对前期已发生的成本、费用无法变现，不应进入评价项目的现金流，而应作为沉没成本[146]。只有这样才能保证评价结果真实反映决策对象的经济效益。因此对开发价值的评价不应考虑前期的投入，只考虑开发后的投入和产出，以此计算商业化成功率。期望资源量的开发价值主要受油价变化的影响，因此需要计算既定油价分布假设下开发项目价值的概率分布，计算 NPV 大于 0 的概率作为商业化成功率。

（3）基于决策树的风险区块经济效益指标量化方法

海外风险区块经济评价采用决策树方法进行评价。决策树模型在经济评价中的一般步骤如下。

①画出决策树。分析投资决策的各种情景，并以决策树的形式表现出来。

②计算方案各种情景下的经济效益指标并预测发生概率，经济效益指标选择净现值。

③计算方案的期望经济价值（EMV）：

$$\text{EMV} = \sum_{j=1}^{m} X_j P(X_j) \tag{3.28}$$

式中，EMV 为期望经济价值，X_j 为第 j 种情景下的经济价值，$P(X_j)$ 为出现第 j 种情况的概率，m 为可能出现的情景数。

对于风险区块，一般只存在开发或不开发两种情景，风险区块的决策树模型如图 3.13 所示。

计算风险区块期望经济价值（EMV）的步骤如下，首先，要根据项目历史数据确定探井成功率作为地质成功率（P_G），在缺乏相关数据的情况下，风险区块采用 20% 的地质成功率，靠近滚动探区的风险探区地质成功率采用 65%。其次，基于期望资源量，采用单位成本现金流法计算项目开发的价值，得到 NPV 大于 0 的概率作为商业化成功率（P_C），并计算得到项目开发的期望净现值ENPV。结合地质成功率、商业化成功率、区块投资后的期望价值和前期预计勘探投资，建立风险区块的价值模型如下：

$$
\begin{aligned}
\text{EMV} &= P_G \cdot \left(P_C \cdot ENPV - (1 - P_C) \cdot I_{exp} \right) - (1 - P_G) \cdot I_{exp} = P_G \cdot P_C \cdot ENPV - \\
&\quad (1 - P_G \cdot P_C) \cdot I_{exp}
\end{aligned}
\tag{3.29}
$$

式中，EMV为风险区块的期望经济价值，$ENPV$为商业化成功后项目期望净现值，I_{exp}为实现油气发现预计勘探投资的现值。

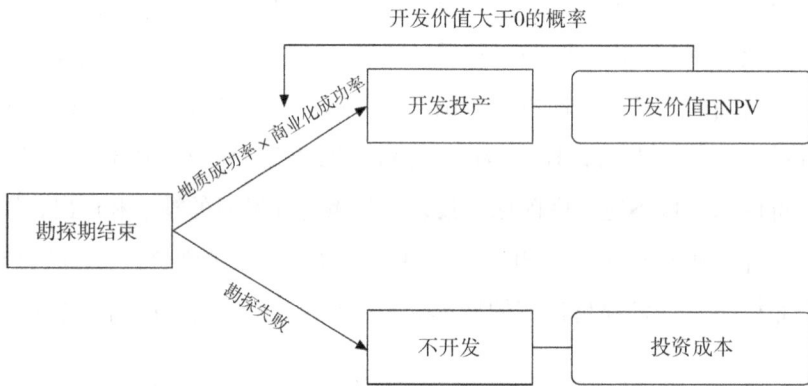

图 3.13　风险勘探区块价值决策过程

3.3.4　混合勘探项目经济评价指标体系构建和量化方法

3.3.4.1　混合勘探项目经济效益评价指标选取

混合区块的经济评价方法同风险区块一致，因此混合区块的经济效益指标与风险区块经济效益评价指标保持一致，包括期望经济价值、期望内部收益率、期望投资回收期、期望经济价值率、桶油期望经济价值指标。

3.3.4.2　混合勘探项目经济效益评价指标量化方法

混合勘探区块既包括滚动探区，也包括风险探区，为了计算区块整体的价值，需要将滚动探区和风险探区的各项投入产出进行整合，基本思路如图3.14所示。由于滚动探区和风险探区的桶油发现成本、桶油开发成本、桶油操作成本和管输费都存在差异，不存在统一的估算基数，因此区块整体的投资和成本等于滚动探区和风险探区各自加总。对于滚动探区和风险探区，采用同样的销售价格，因此可以将滚动探区和风险探区的产量加总得到区块整体产量，以此估算区块整体销售收入。由于风险探区、滚动探区和区块整体的利润计算还受成本回收上限等财税条款影响，区块整体的利润并不一定等于风险探区利润和滚动探区利润之和，因此区块整体的现金流不能简单地认为等于风险探区和滚动探区现金流之和，这主要是由风险探区和滚动探区的协同效应造成的。下文将结合风险探区的经济评价特点，进一步论述混合区块整体评价存在的协同效应。

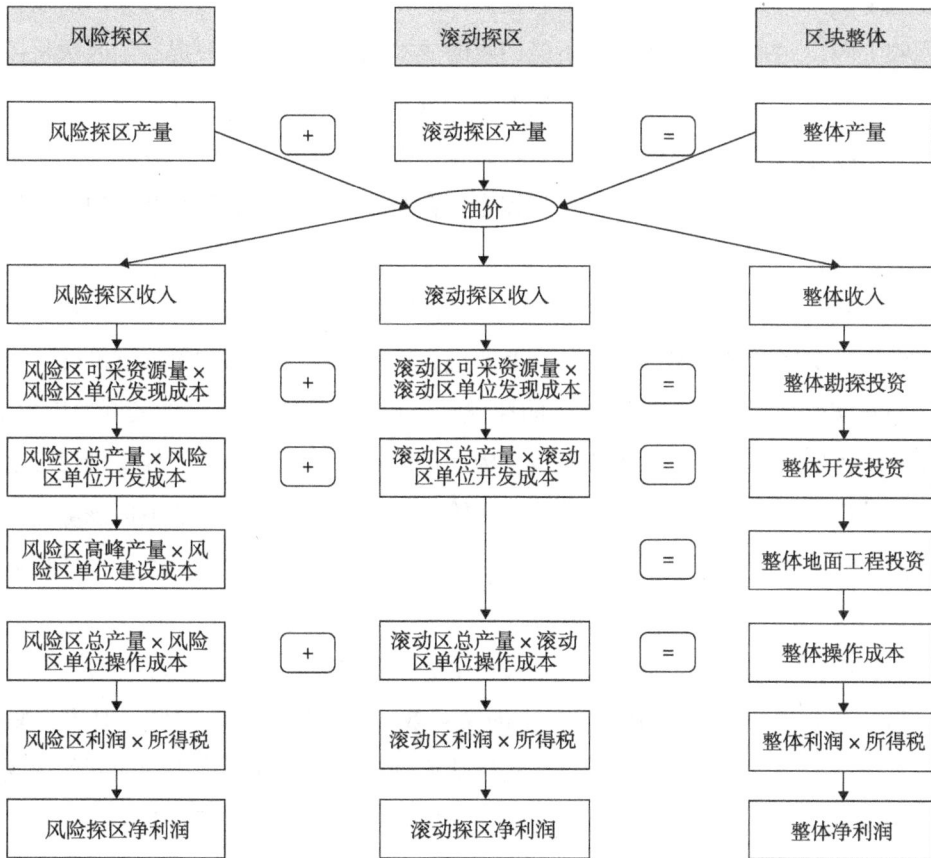

图 3.14　滚动探区、风险探区和区块整体经济评价框架图

　　基于上述方法计算的区块整体净现金流并不等于滚动探区和风险探区净现金流之和，这是由于风险探区的勘探开发与已投产的滚动探区产生了交互效应。这种交互效应来自两种情况，第一种情况即风险探区结束后勘探失败或期望资源量不具有开发价值，放弃开发。此时风险探区的前期投资增加了区块整体的投资和折旧，而折旧是可回收成本，因此相当于增加了滚动探区的可回收成本。在可回收成本低于成本回收上限的情况下，可回收成本增加导致更快的收回投资，提高了经济效益。反之，当可回收成本高于成本回收上限的情况下，可回收成本增加导致回收成本结转增加，延长了成本回收的时间，降低投资效益，因此风险探区的勘探投资对

区块整体存在或正或负的交互效应，影响方向主要取决于可回收成本和成本回收上限。第二种情况即风险探区勘探结束后投入开发生产，与滚动探区开发过程产生了交互效应。风险探区在开发前期投入大，产量小，一般可回收成本要高于成本回收上限，放慢了投资回收速度。滚动探区要考虑两种情况，一种情况是滚动探区的可回收成本低于成本回收上限，考虑风险探区后，区块整体的可回收成本依然低于成本回收上限，此时风险探区原本不能回收的成本也变的可回收，提高了区块整体价值。另一种情况是滚动探区可回收成本高于成本回收上限，投资回收较慢，经济效益较差，考虑风险探区后，情况进一步恶化，投资回收变得更慢，降低了区块整体的价值。因此风险探区开发对区块整体也存在交互效应，影响程度和方向受财税条款影响。

在风险探区的经济评价过程中，只是单独将风险区块作为一个评价对象，没有考虑到风险探区对区块整体产生的交互效应，使得风险探区的评价不够准确。风险探区的真实价值应该等于风险探区的期望经济价值加上风险探区的交互效应价值。由于风险探区需要进行开发投资决策，因此可以将风险探区的交互效应价值分为勘探交互效应价值和开发交互效应价值。风险探区整体的交互效应价值应该等于开发交互效应价值乘以开发概率加上勘探交互效应价值乘以不开发的概率。由此可以得到混合区块中风险探区的实际价值为：

混合区块中风险探区 EMV＝风险探区独立价值 EMV＋风险探区交互效应价值

为了量化风险探区勘探开发产生的交互效应，可以采用增量法，计算区块整体现金流减去滚动探区和风险探区的现金流之和即为风险探区产生的交互效应现金流，基于交互效应现金流可以计算得到交互效应的净现值和内部收益率，计算公式如下：

$$NPV_D = \sum_{t=T_1}^{T}(NCF_{Tt} - NCF_{Gt} - NCF_{Ft})(1+i)^{-t} \qquad (3.30)$$

$$NPV_E = \sum_{t=1}^{T}(NCF_{Tt} - NCF_{Gt} - NCF_{Ft})(1+i)^{-t} \qquad (3.31)$$

式中，NPV_D 为风险探区开发产生的交互效应价值，T_1 为风险探区投产时间，T 为区块总周期，NCF_{Tt} 为风险探区开发后区块整体净现金流，NCF_{Gt} 为对应的滚动探区净现金流，NCF_{Ft} 为风险探区净现金流，NPV_E 为风险探区勘探投资产生的交互效应价值。计算 NPV_D 不应该考虑风险探区的前期勘探投资，计算 NPV_E 不考虑风险探区开发。风险探区整体的交互效应价值为：

$$NPV_F = P_G \cdot P_C \cdot \text{NPV}_D + (1 - P_G \cdot P_C) \cdot NPV_E \qquad (3.32)$$

3.4 海外油气勘探项目风险指标选取及量化方法研究

海外油气勘探项目风险指标的构建不同于经济效益指标的构建过程。不需要区分勘探项目类型。对于滚动勘探项目、风险勘探项目、混合勘探项目，都面临同样的风险，不同的是各项风险的程度存在差异。如勘探项目的资源量都存在不确定性，但滚动勘探项目的不确定性更小，风险勘探项目的不确定性更大。因此，海外油气勘探项目风险指标体系构建不需要区分勘探项目类型。

3.4.1 海外油气勘探项目风险构成

导致海外油气勘探项目风险发生的因素是多种多样的，主要包括五个方面，即储量风险、产量风险、市场风险、国家风险和合同风险。

（1）储量风险

储量风险是指勘探项目资源量的不确定性。储量的不确定性与勘探阶段有关。勘探初期对地下资源的认识不足，预测探明储量存在较大误差，风险较高。随着对地下资源的认识增加，储量的不确定性越小，风险越小。滚动勘探项目的储量风险较小，风险勘探项目的储量风险较大。储量风险可以采用预计探明储量的不确定性对经济效益的影响来表示[147-149]。

（2）产量风险

产量风险是指在油气勘探开发过程中，由于开发投资和工程技术的不确定性导致的油气产量波动风险。油气产量变化会直接影响勘探项目经济效益，是勘探开发项目的主要风险[150]。

（3）市场风险

市场风险是指在海外油气勘探项目经营过程中由于市场变化而产生的风险。这些市场因素会对项目实施产生影响。市场风险属于客观风险，不受主观因素控制。影响勘探项目市场风险的要素有很多，一般来说，油价和资源国的汇率波动是影响勘探项目效益的主要因素[151-153]，因此市场风险指标选择油价风险和汇率风险。

（4）国家风险

国家风险可以分为政治风险、宏观经济风险、商业环境风险和法律风险四个方面。海外油气勘探项目周期约为 5 ～ 10 年，在此周期内，东道国的政局、政策、法律发生改变的概率相当大。国家政策、经济、法律环境的不稳定性可能影响项目的正常运行，形成较大的风险[154]。

（5）合同风险

合同风险是指合同双方的权利义务不对等，使得其中一方蒙受损失的风险。海外油气勘探项目面临众多不确定性因素，如合同条款不够严谨，将给勘探项目带来极大风险。合同风险与承包商所得比例相关，承包商所得比例越高，相应的合同风险也越小。

3.4.2 海外油气勘探项目风险指标选取和量化

根据上文对海外油气勘探项目风险构成的分析，构建风险指标如下。

（1）储量风险指标

油气勘探的目标是寻找可以开发动用的经济储量，储量的有无以及储量大小是油气勘探风险评价的核心。根据SPSS发布的各级储量转化因子，可以将各级储量转化为预测探明储量，减小了地质风险对评价结果的影响。但是各级储量转化因子本身也存在不确定性，导致预测探明储量的估算也存在不确定性。因此，可以根据各级储量的转化因子和标准差，对勘探项目预测探明储量进行正态分布模拟，得到NPV的概率分布，计算下偏矩量化储量风险指标，下偏矩的计算公式如下：

$$\text{LPM}_q = \sum_{R_P}^{h} P_p (h - NPV_p)^q \tag{3.33}$$

式中，P_p 为勘探项目净现值 NPV_p 的概率，h 为目标净现值，$q = 0$，1，2，…，q 取不同值，LPM_q 代表的意义也不同。q 取0表示低于目标净现值的概率，取1表示单边离差的均值，取2表示偏差平方的概率加权，类似于方差。一般选择 q 等于2进行风险测度更为合理。

（2）产量风险指标

在海外油气项目勘探开发过程中，受投资和工程技术等不确定性因素影响，油气产量波动导致勘探开发项目风险增加。同储量风险指标一样，采用蒙特卡洛对油气产量进行模拟，计算得到NPV的分布函数，计算下偏矩量化产量风险指标。

（3）油价风险指标

油价是影响海外油气勘探项目经济效益的主要因素，对油价风险指标的量化同样采用蒙特卡洛模拟法，基于前文建立的油价非对称均值回复跳跃扩散模型，计算得到NPV的分布函数，计算下偏矩量化油价风险。

（4）汇率风险指标

海外油气勘探项目汇率风险受投资国汇率制度和项目投融资外汇占比等因素影

响，不同国家、不同项目面临的汇率风险都存在差异，但主要还是与投资国的汇率稳定性相关。汇率稳定的国家面临的汇率风险较小，反之汇率风险较大。对汇率风险的量化可以采用变异系数，即平均值与标准差的比值进行表示，以反映投资国的汇率波动程度。

（5）政治风险指标

中国海外油气项目投资大多在发展中国家，面临较大的政治风险。政治风险属于外部非市场风险，对勘探项目的影响更多地体现在宏观层面。对海外油气勘探项目政治风险的量化可以采用权威机构对海外主要投资国的政治风险评级结果。

（6）宏观经济风险

海外投资国的整体经济增长水平也会对投资项目产生影响。在经济快速增长的国家，对能源的需要也在不断增长，油气勘探项目盈利性更有保障。反之，经济发展水平较低的国家，项目盈利性也会受到影响。对海外油气勘探项目宏观经济风险的量化可以采用权威机构对海外主要投资国的经济风险评级结果。

（7）商业环境风险

投资国的商业环境也会对海外油气勘探项目效益产生影响，包括投资国的税收体系是否稳定、基础设施是否完善、投资环境是否便利等。对海外油气勘探项目商业环境风险的量化可以采用权威机构对海外主要投资国的商业环境风险评级结果。

（8）法律风险

投资国的法律制度会对油气勘探项目效益产生影响。完善、连续、有效的法律环境有利于石油企业的经营和管理，降低经营成本，提高项目效益。对海外油气勘探项目法律风险的量化可以采用权威机构对海外主要投资国的法律风险评级结果。

（9）合同风险指标

对海外油气勘探项目，合同条款是影响承包商收益的关键。不同的合同在财税条款、成本回收等方面存在差异，承包商获取的收益和程度也存在差异。在国际油气合作合同中，承包商的收益与其所得比例正相关，因此可以采用承包商所得比例作为合同风险的量化指标，承包商所得比例越高，相应的合同风险也越小。

3.5 海外油气勘探项目多维度评价指标体系汇总

海外油气勘探项目多维度评价指标体系建立在资源、效益、风险评价指标体系的基础上，是对前述各项指标的汇总。它是从勘探项目整体的角度，评价项目各维度目标的实现程度。海外油气勘探项目多维度评价指标体系涵盖了资源、效益、风险三个维度共二十项指标，其中资源类指标包括资源量、资源丰度、动用率、单位地震工作量成本和桶油发现成本；效益类指标包括净现值、内部收益率、投资回收期、净现值率、桶油NPV等；风险类指标包括储量风险、产量风险、油价风险、汇率风险、合同风险、政治风险、宏观经济风险、商业环境风险和法律风险，各项指标汇总如表3.6所示。

表 3.6   海外油气勘探项目多维度评价指标体系汇总

指标维度	勘探项目类型	具体指标
资源类指标	全部	资源量、资源丰度、动用率、单位二维地震工作量成本、单位三维地震工作量成本和桶油发现成本
效益类指标	滚动勘探项目	净现值、内部收益率、投资回收期、净现值率、桶油NPV
	风险和混合勘探项目	期望经济价值、期望内部收益率、期望投资回收期、期望经济价值率、期望桶油NPV
风险类指标	全部	储量风险、产量风险、油价风险、汇率风险、合同风险、政治风险、宏观经济风险、商业环境风险和法律风险

海外油气勘探项目多维度评价指标体系从资源、效益和风险三个维度反映了勘探项目的属性，可以帮助投资者全面、客观的分析勘探项目的特点，为海外油气勘探项目分类和比较提供了依据。

3.6 本章小结

本章针对海外油气勘探项目特点，从资源、效益和风险三个维度构建了海外油气勘探项目评价指标体系，并给出了各项指标的量化方法。在经济效益指标构建过程中，采用差异化评价方法进行指标选取。根据海外油气勘探项目类型划分，对滚动区块、风险区块和混合区块采用不同的经济评价方法建立评价指标体系。滚动区块已经投产，资源的不确定性因素较小，开发规划也可以参考生产区块，因此采用折现现金流法进行评价和指标选取。风险区块的资源量落实程度非常低，未来是否开发取决于探明储量规模和开发的经济效益，如果勘探成功且开发经济可行则进入开发阶段。风险区块的经济评价带有决策过程，适宜采用决策树进行评价和指标选取。混合区块既包括滚动探区也包括风险探区，需要将两种方法结合，得到滚动探区、风险探区和区块整体的各项评价指标。

根据国际油价的均值回复性、跳跃性和回复的非对称性提出油价的非对称均值回复跳跃模型，通过蒙特卡洛模拟油价，代入海外勘探项目经济评价模型中从而得到 NPV、IRR 和投资回收期等各项指标期望值。此外，油价的变化也会导致企业投资和经营策略的变化。在企业层面，表现为高油价时增加投资和运营成本，低油价时减少投资和运营成本。从项目层面看，勘探开发投资跟勘探开发阶段有关，受油价影响较小，而操作成本和油价则表现出明显的相关性。本章假设操作成本服从三角分布，构建了油价和操作成本的随机相关模型，并应用到海外油气勘探项目评价中。

第 4 章

多维度下海外油气勘探项目投资优先级评价方法研究

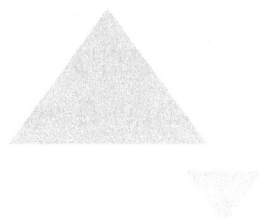

在本章的研究过程中我们将依据上一章构建的海外油气勘探项目多维度评价指标体系，对勘探项目进行资产结构分析和综合评价，以确定海外油气勘探项目的投资优先级，为海外油气勘探项目组合排序和优选提供决策依据。

4.1 海外油气勘探项目优先级评价流程

海外油气勘探项目优先级评价涉及不同勘探项目类型和不同评价维度，是一个复杂的系统工程，必须要遵循一定的评价流程。首先，需要对评价涉及的原始数据进行收集和整理，选取权威的数据来源。其次，要选择适当的评价模型，体现海外油气勘探项目的多维度特点。最后，需要结合评价结果确定勘探项目投资优先级。考虑上述要素，海外油气勘探项目优先级评价的主要环节包括以下三部分。

（1）原始数据的收集和处理

优先级评价结果的客观准确性建立在原始数据的收集和整理是否真实、规范的基础上，因此原始数据的来源必须具有真实性、权威性，数据整理和计算过程必须要满足规范性、合理性。根据海外油气勘探项目多维度评价指标体系的具体指标，可采用项目历史数据、统计资料、行业数据库等，对评价对象涉及的二十项指标数据进行收集和计算，形成反映海外油气勘探项目资源、效益、风险特性的数据集合，为勘探项目优先级评价提供数据基础。

（2）构建海外油气勘探项目分类模型

分类的目的是对勘探项目进行结构分析，以便于项目之间进行比较，从而确定投资优先级。海外油气勘探项目划分需要综合考虑资源、效益、风险三个属性，对项目进行多视角划分，使得同一类型勘探项目各属性相似，不同类型勘探项目各属性相异。根据勘探项目分类结果，结合石油公司勘探资产配置策略，进一步确定不同类型勘探项目的投资优先级。

（3）建立海外油气勘探项目优先级评价模型

对海外油气勘探项目进行分类可以更好地分析项目之间的异同，但是弱化了同类项目之间的差异，不利于项目的排队优选。在海外油气勘探项目分类结果的基础上，基于敏感性分析思想，确定各项评价指标的权重，进而得到海外油气勘探项目的综合排序结果，根据勘探项目分类和排序结果最终确定海外油气勘探项目的投资优先级顺序，为海外油气勘探项目组合排序优选提供依据。

4.2　数据的收集和处理

对海外油气勘探项目多维度评价指标进行数据收集和整理以及对指标类型的划分和标准化处理是进行海外油气勘探项目优先级评价的必要前提。

4.2.1　原始数据的收集整理

海外油气勘探项目评价和优化必须建立在科学、客观和现实的数据选取基础上。项目评价内容包括资源、效益和风险三个维度共二十项指标，涉及宏观和微观等众多数据，其中资源类指标包括资源量、资源丰度、动用率、单位二维地震工作量成本、单位三维地震工作量成本、单位探明储量发现成本。数据来源主要为石油公司海外各勘探区块的资源评价报告、项目前期可研报告、邻近区块项目可研报告以及 IHS 数据库。经济效益指标包括净现值、期望经济价值、投资回收期、内部收益率、净现值率和桶油 NPV 等。这些指标不能直接获取，必须通过经济评价模型进行计算。在评价过程中涉及投入产出、探井成功率等各项参数的估算，数据来源主要包括该区块或类似区块的前期可研报告、项目年度运营报告、IHS 数据库等。风险指标包括储量风险、产量风险、合同风险、油价风险、汇率风险、政治风险、宏观经济风险、商业环境风险、法律风险，其中储量、产量和油价风险指标的数据来源与经济效益指标数据来源相同，汇率风险指标的数据来源为主要投资国的真实汇率，其他风险指标的数据来源为中国出口信用保险公司出版的《国家风险分析报告》（2015）和《国家风险分析报告"一带一路"沿线国家》（2015）。各项指标的数据来源或计算依据见表 4.1。

表 4.1 各项指标的数据来源或计算依据

评价指标	数据来源或计算依据
资源类指标：资源量、资源丰度、动用率、单位地震工作量成本、探明储量发现成本	资源评价报告、项目合同、项目前期可研报告或IHS数据库
经济效益指标：净现值、期望经济价值、内部收益率、投资回收期、净现值率、桶油NPV	项目前期可研报告、IHS数据库、项目年度运营报告
风险指标：储量风险、产量风险、合同风险、油价风险、汇率风险、政治风险、宏观经济风险、商业环境风险、法律风险	资源评价报告、项目前期可研报告、IHS数据库《国家风险分析报告》（2015）、《国家风险分析报告"一带一路"沿线国家》（2015）

4.2.2 评价指标类型

根据评价指标性质和变化方向，可以把评价指标分为正向指标、逆向指标、适度指标和区间指标等四类，目的在于对评价指标进行预处理时区别对待。

正向指标也称效益型指标或产出型指标，越大越好，如资源量、资源丰度、动用率、净现值、净现值率、内部收益率、桶油NPV、承包商所得比例。逆向指标也称成本型指标或投入型指标，越小越好，如单位地震工作量成本、单位储量发现成本、投资回收期、储量风险、产量风险、油价风险、国家风险等指标。适度指标要求指标数值接近一个适度的值，不能过大或过小。区间型指标是指希望取值最好落在某个区间内[155]。依据上述划分标准，海外油气勘探项目多维度评价指标类型如表4.2所示，其中正向指标8项，逆向指标12项，以逆向指标为主。

表 4.2 海外油气勘探项目评价指标体系指标类型

指标类型	具体指标
正向指标	资源量、资源丰度、动用率、净现值、净现值率、内部收益率、桶油NPV、承包商所得比例
逆向指标	单位地震工作量成本、单位储量发现成本、投资回收期、储量风险、产量风险、油价风险、汇率风险、政治风险、经济风险、商业环境风险、法律风险

4.2.3 评价指标标准化处理方法

海外油气勘探项目多维度评价指标体系中各指标数据度量单位不同，在对油气勘探项目进行综合评价时，需要对评价指标数据进行标准化处理。不同的标准化处理方法得到的标准化数据会有不同，本书选择极值处理法对评价指标进行标准化处理。

依据指标属性选择合理的处理方法。正向指标、逆向指标、适度指标的原始数据可按照如下方法进行处理：

正向指标：$x_{ij} = \dfrac{x_i(j) - min\{x_i(j)\}}{max\{x_i(j)\} - min\{x_i(j)\}}$ 　　　　　　　　　(4.1)

逆向指标：$x_{ij} = \dfrac{max\{x_i(j)\} - x_i(j)}{max\{x_i(j)\} - min\{x_i(j)\}}$ 　　　　　　　　(4.2)

适度指标：$x_{ij} = 1 - \dfrac{|x_i(j) - x_i'(j)|}{max|x_i(j) - x_i'(j)|}$ 　　　　　　　　　(4.3)

其中 $x_i'(j)$ 为适度型指标 $x_i(j)$ 的最优取值。

4.3　海外油气勘探项目分类方法研究

为了对勘探项目进行多维度分析和比较，需要对勘探项目进行分类，以便更好的反映项目之间的异同，为项目优先级评价提供依据。在勘探项目分类模型构建过程中，需要根据海外油气勘探项目特点，选择适当的分类方法，结合上文建立的多维度评价指标体系，对选取的分类方法进行改进以适应海外油气勘探项目分类需要。

4.3.1　海外油气勘探项目分类方法选择

海外油气勘探项目分类需要满足科学、客观的要求，对分类方法的选择需要结合勘探项目特点。目前常用的分类方法可以分为定性和定量两种，定性分类以波士顿矩阵为基础，对勘探项目进行主观划分。定量分类又可以分为有监督学习和无监督学习两种。有监督学习是通过已有的训练样本（已知输入和输出）进行训练得到一个分类模型，再利用分类模型对未知数据进行分类。无监督学习没有训练样本，需要直接根据数据特点进行划分。现对当前主要的分类方法进行说明和分析，以找到适合海外油气勘探项目特点的分类方法。

（1）波士顿矩阵分类方法

波士顿矩阵（BCG Matrix）是一种用来制定战略的工具，主要功能是分析企业所辖业务的整体状况[156, 157]，被广泛地应用于企业市场战略分析中。波士顿矩阵分类法具有直观、易懂等优点，因而被应用到资产分类中。在实际应用中，波士顿矩阵分类法还存在着一些缺陷[142]，主要包括以下几点：①分类矩阵过于简单化，只能反映两个指标的特点，忽略了其他要素对分类结果的影响。海外油气勘探项目评价指标体系涵盖了三个维度共二十项指标，超出了波士顿矩阵的分类范围；②各项指标的分界线不易确定，带有较大主观性。对于海外油气勘探项目，各项评价指标都不存在一个明确的分界线，需要人为设定，由此得到的分类结果具有较大主观性。由此可见，波士顿矩阵法在海外油气勘探项目分类中的应用受到较大限制，不能反映海外油气勘探项目的多属性特点，因此该分类方法不予考虑。

（2）有监督学习分类方法

监督学习分类方法要求存在一个训练样本，根据训练样本中属性和分类标签之间的关系建立一个分类模型，进而对未知数据集进行分类。目前主要的监督学习分类方法包括决策树分类（Decision Tree）、贝叶斯分类（Bayesian Algorithms）、神经网络分类（Neural Network, NN）和k最近邻分类（K-Nearest Neighbor, KNN）。每一种方法都有其特点和适用范围，需要结合分类对象特点进行选取。

① 决策树分类

决策树模型呈现树形结构，其中每个节点代表一种属性，由此节点衍生的边对应该属性的每种可能值，每个叶结点则表示一个类别（见图4.1）。决策树的分类过程就是从数的根节点开始，选取一个属性对所有训练样本进行区分，每个属性值都将产生一个分支，并将相应样本子集转移到对应子节点上。对每个子节点采用同样的分类方法直到所有样本都被分到某个类中为止[158]。决策树分类的优点是原理简单，分类结果易于理解，可以对缺失值、不相关特征数据进行处理。决策树分类的缺点是当特征值过多时，可能产生过度匹配的问题，使得分类结果不合理。海外油气勘探项目共有二十个特征值，如果对每一个特征值进行分类可能导致严重的过匹配问题，限制了决策树分类方法的使用。

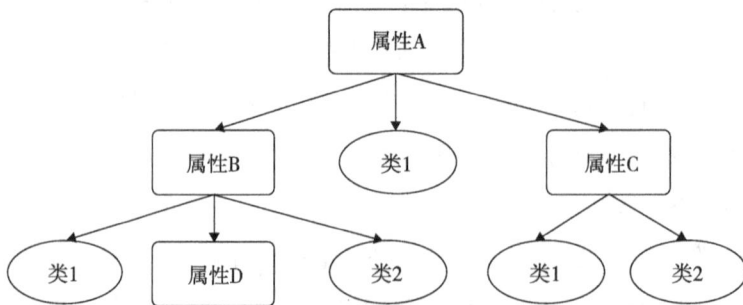

图 4.1　决策树示意图

② 贝叶斯分类

贝叶斯分类是一种以贝叶斯定理为基础的统计学分类方法，可以预测一个样本属于某一类别的概率。贝叶斯分类的优点是在处理大数据时，具有较高的运算性能和分类准确性。它的缺点是需要知道先验概率，对属性之间的相关性考虑不足。对于海外油气勘探项目分类，并不存在一个已知的先验概率，且同一维度指标之间存在较大的相关性，不满足贝叶斯分类的使用条件，因此该方法也不予考虑。

③ 神经网络分类

神经网络是对人脑神经网络的一种模拟，包括相互连接的输入输出单元，单元之间的连接与一个权重相关。在训练阶段，可以通过调整权重来建立输入样本和对应类别之间的映射关系。训练完毕后就可以将未分类数据输入训练好的输入端，在输出端得到分类结果[159]。神经网络分类方法的优点是学习能力强，分类准确率高，能够处理复杂的非线性关系。它的缺点是需要大量参数，输出结果不易解释，学习时间过长。对于海外油气勘探项目分类，考虑到输入端的评价指标过多，需要设定大量参数，使得最终分类结果受初始值影响较大。此外，采用神经网络分类得出的项目分类结果也不易于理解，影响了神经网络方法在海外油气勘探项目分类中的应用，因此也不予考虑。

④ k 最近邻分类

KNN 算法是一种基于类比的学习算法，由 Cover 和 Hart 提出[160]。KNN 分类算法的基本思路是在一个特征空间找到与待分类样本最相似的 k 个邻居，再根据这 k 个邻居所属的类别判断待分类样本的类别。KNN 分类算法的优点是原理简单，易于实现，无须训练，适合多分类问题。它的缺点是当样本不平衡时，由于只计算近邻，使得新样本被分到大容量样本的概率增加，影响分类效果。此外，该方法的解释性较差，难以给出明确的分类规则。对于海外油气勘探项目分类，由于并不存在一个已经分类完成的样本，因此该方法也不适用。

（3）无监督学习分类方法

无监督学习与有监督学习的区别在于无监督学习没有任何训练样本，需要直接根据样本的属性特点进行分类，这种分类方法的典型代表就是聚类。聚类是根据特征值的相似程度将对象划分成若干个类，相似程度通常用空间距离或相关系数表示。聚类的目的是使相似度高的对象划分为一类，相似度低的对象划分为不同类。聚类分析的优点是原理简单、易于实现、容易解释、不需要训练样本。它的缺点是需要预先确定分类个数，对初始值敏感。聚类分析满足海外油气勘探项目缺少分类样本的情况，并且对特征值个数没有要求，可以应用于海外油气勘探项目分类。

综上所述，有监督学习分类方法的共同特点是需要一个已经完成分类的训练样本，通过学习该样本的分类规律，建立映射关系，对待分类数据进行分类。本章的研究是在尚不存在海外油气勘探项目分类规则的前提下对勘探项目进行分类，并不存在已经分类的训练样本，因此监督学习分类方法不适用于海外油气勘探项目分类。波士顿矩阵分类方法虽然较为灵活，可以根据决策者需求进行定制化分类，但是分类标准较为主观，不同决策者分类得到的结果可能不同，难以进行有效比较。因此，在分类标准不健全的情况下，为了保障分类的客观性，在聚类方法的基础上，结合海外油气勘探项目的多属性特点对已有的聚类方法进行改进，并应用到海外油气勘探项目分类中。

4.3.2 基于双层粒子群优化的WCoFCM聚类算法

聚类分析是一种被广泛使用的分类方法，主要的聚类算法可分为层次方法、基于划分的方法、基于网格的方法、基于密度的方法和基于模型的方法。对于海外油气勘探项目分类应该采用基于划分的方法。基于划分的聚类算法的基本思路是将含有M个样本的数据集分成C类，划分标准是使得目标函数最小。在实际应用中，基于划分的聚类算法又可以分为硬划分和软划分[161]。硬划分是一种严格的分类，样本的分类状态只有两种，要么完全属于，要么完全不属于。软划分的样本分类状态是一个概率，表示该样本属于某一类的可能性。为了对软划分状态进行表示，引入了隶属度的概念，即样本属于某一类的程度。对于硬划分而言，隶属度为0或1，对于软划分方法，隶属度介于0到1之间。对于海外油气勘探项目而言，必须从多个维度进行综合划分，项目在不同维度上的划分并不是绝对的，而是存在一定的倾向性。硬划分不能正确反映对象与类的关系，不适用于海外油气勘探项目分类，因此选择基于软划分的模糊聚类方法。

模糊C均值聚类算法（FCM）是典型的基于软划分的聚类算法。对于给定的数据集$X = \{x_1, x_2, \cdots, x_N\}$，该算法的目标函数为：

$$J_{FCM} = \sum_{i=1}^{C} \sum_{j=1}^{N} u_{ij}^m d_{ij}^2$$

$$\text{s.t.} \quad \sum_{i=1}^{C} u_{ij} = 1, u_{ij} \in [0, 1], i \in [1, C], j \in [1, N] \tag{4.4}$$

式中，N为样本总数，C表示聚类个数，m表示模糊指数，u_{ij}表示第j个样本属于第i类的隶属度，d_{ij}^2表示样本x_j到聚类中心v_i的距离，通常定义$d_{ij}^2 = \|x_j - v_i\|^2$。

隶属度和聚类中心可以利用拉格朗日乘子法求得，具体公式如下：

$$u_{ij} = \frac{1}{\left[\sum_{i=1}^{C}\frac{d_{ij}^2}{d_{kj}^2}\right]^{\frac{1}{m-1}}} \tag{4.5}$$

$$v_i = \frac{\sum_{j=1}^{N} u_{ij}^m x_j}{\sum_{j=1}^{N} u_{ij}^m} \tag{4.6}$$

对于海外油气勘探项目分类，除了要考虑项目划分的模糊性外，另一个重要特点是评价维度的多样性，因此必须从多个视角对项目进行综合划分。为了解决多维度聚类的问题，Cleuziou 等（2009）[162]提出了多视角聚类算法（CoFCM）。该算法对各视角进行聚类时假设各视角同等重要，没有考虑到样本可能在某几个视角聚类效果较好，其他视角聚类效果较差，反而使得聚类效果变差的情况。针对这一问题，刘丽（2013）[161]提出了加权的多视角模糊聚类算法，简称 WCoFCM 算法。WCoFCM算法是利用各视角的可聚集性特征得到多视角加权项 w，从而得到更理性的聚类效果。WCoFCM算法目标函数式表达如下：

$$J = \sum_{r=1}^{R} w_r^{\tau}\left(\sum_{i=1}^{C}\sum_{j=1}^{N} u_{ijr}^{\beta} d_{ijr}^2 + \frac{\eta}{R-1}\sum_{\substack{r'=1 \\ r'\neq r}}^{R}\sum_{i=1}^{C}\sum_{j=1}^{N}(u_{ijr'}^{\beta} - u_{ijr}^{\beta})\, d_{ijr}^{\beta}\right)$$

$$\text{s.t. } \sum_{r=1}^{R} w_r = 1, \ \sum_{i=1}^{C} u_{ijr} = 1 \tag{4.7}$$

式中，η 为惩罚因子，R 为视角数。

隶属度、聚类中心、各视角权重可以利用拉格朗日乘子法得到，表达式如下：

$$u_{ijr} = \frac{\left((1-\eta)d_{ijr}^2 + \frac{\eta}{R-1}\sum_{\substack{r'=1 \\ r'\neq r}}^{R} d_{ijr}^2\right)^{\frac{1}{1-\beta}}}{\sum_{h=1}^{C}\left((1-\eta)d_{hjr}^2 + \frac{\eta}{R-1}\sum_{\substack{r'=1 \\ r'\neq r}}^{R} d_{hjr}^2\right)^{\frac{1}{1-\beta}}} \tag{4.8}$$

$$v_{ir} = \frac{(1-\eta)\sum_{j=1}^{N} u_{ijr}^{\beta} x_{jr} + \frac{\eta}{R-1}\sum_{\substack{r'=1 \\ r'\neq r}}^{R}\sum_{j=1}^{N} u_{ijr}^{\beta} x_{jr}}{(1-\eta)\sum_{j=1}^{N} u_{ijr}^{\beta} + \frac{\eta}{R-1}\sum_{\substack{r'=1 \\ r'\neq r}}^{R}\sum_{j=1}^{N} u_{ijr}^{\beta}} \tag{4.9}$$

$$w_r = \frac{\left((1-\eta)\sum_{i=1}^{C}\sum_{j=1}^{N} u_{ijr}^{\beta} d_{ijr}^2 + \frac{\eta}{R-1}\sum_{\substack{r'=1 \\ r'\neq r}}^{R}\sum_{i=1}^{C}\sum_{j=1}^{N} u_{ijr'}^{\beta} d_{ijr}^2\right)^{\frac{1}{1-\tau}}}{\sum_{k=1}^{R}\left((1-\eta)\sum_{i=1}^{C}\sum_{j=1}^{N} u_{ijk}^{\beta} d_{ijk}^2 + \frac{\eta}{R-1}\sum_{\substack{k'=1 \\ k'\neq k}}^{R}\sum_{i=1}^{C}\sum_{j=1}^{N} u_{ijk'}^{\beta} d_{ijk}^2\right)^{\frac{1}{1-\tau}}} \tag{4.10}$$

整体聚类结果表达式如下：

$$U_{ij} = \sum_{r=1}^{R} w_r u_{ijr} \tag{4.11}$$

式中，w_r 表示每个视角的权重，τ 是常数。

WCoFCM算法采用梯度下降的方法进行求解，对初始值较为敏感，是一种局部搜索方法，容易陷入局部最优。本书在 WCoFCM 算法的基础上，采用双层嵌套粒子群优化的加权多视角模糊聚类算法（Double PSO-WCoFCM，DPSO-WCoFCM）对聚类中心和各视角权重进行优化，以提高海外油气勘探项目分类的准确性和有效性。

粒子群优化算法是通过模拟鸟群的觅食和迁徙行为的一种优化搜索算法。粒子群中每个粒子的位置代表一个可行解，粒子以一定的速度在搜索空间运动，根据目标函数来判断粒子位置的优劣。粒子飞行速度根据粒子自身的飞行经验和群体中最佳粒子的飞行经验进行调整。通过多次迭代找到最佳粒子的位置即为问题的最优解[163]。艾伯哈特（Eberhart）和施（Shi）在基本粒子群算法的基础上提出了标准粒子群算法[164]，引入了惯性系数w以加强对搜索范围的控制。加入惯性权重的粒子位置和速度更新公式如式（4.12）和（4.13）所示，惯性权重w从0.9到0.4线性递减，公式如式（4.14）所示。

$$v_i^j(i+1) = wv_i^j(t) + c_1 r_1 \left(pbest_i^j(t) - x_i^j(t) \right) + c_2 r_2 \left(gbest^j(t) - x_i^j(t) \right) \quad (4.12)$$

$$x_i^j(t+1) = x_i^j(t) + v_i^j(t+1) \quad (4.13)$$

在式中，$i=1$，2，$\cdots$，m；$j=1$，2，$\cdots$，D；m是粒子总数；$x_i^j(t)$为t时刻粒子i的第j维分量位置；$pbest_i^j(t)$为粒子i在第j维分量个体最优解；$gbest^j(t)$为群体最优解，r_1，r_2为两个相互独立的随机数，服从（0,1）的均匀分布；加速因子 c_1，c_2为正实数；w为惯性权重。

$$w = \left(\frac{iter_{max} - iter_i}{iiter_{max}} \right) * (w_{max} - w_{min}) + w_{min} \quad (4.14)$$

式中，$iter_{max}$为最大迭代次数，$iter_i$为第i次迭代，w_{max}为最大惯性权重值，w_{min}为最小惯性权重值。

本书利用标准粒子群优化算法对多视角加权聚类算法的聚类中心和各视角权重进行优化，DPSO-WCoFCM算法的计算思路是将第一个PSO放在外层用于优化类中心向量，第二个PSO嵌套在上一层PSO-WCoFCM算法内，用于优化各视角权重，图4.2为该算法的流程图。

DPSO-WCoFCM算法的具体步骤如下：

（1）初始化。设定加速因子c_1和 c_2，最大迭代数$iter_{max}$，惯性权重的最大最小值w_{max}，w_{min}。随机产生一个个数为m的种群，x = $(x_1, x_2, ..., x_m)^T$，其分量分别表示C个类别的类中心，代表一个可行解；初始化各粒子的位置x_l和速度v_l，每个粒子位置是一个C×n的矩阵，其中，C表示聚类个数；n表示样本个数。

（2）更新各视角隶属度矩阵。根据式（4.8）计算隶属度矩阵并归一化。

（3）计算各视角成本函数，计算公式如下：

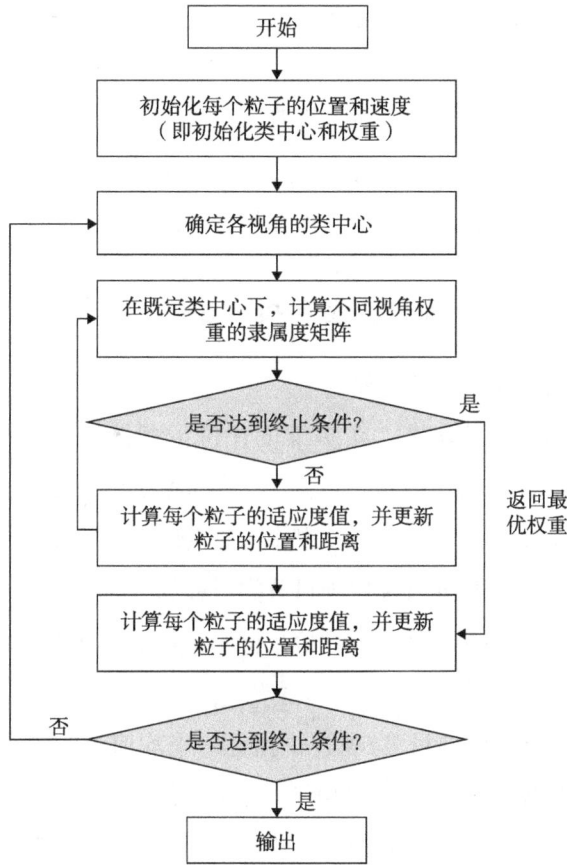

图 4.2　DPSO–WCoFCM 算法流程图

$$cost(r) = \sum_{i=1}^{C} \sum_{j=1}^{N} u_{ijr}^{\beta} d_{ijr}^{2} + \frac{\eta}{R-1} \sum_{\substack{r'=1 \\ r' \neq r}}^{R} \sum_{i=1}^{C} \sum_{j=1}^{N} (u_{ijr'}^{\beta} - u_{ijr}^{\beta}) d_{ijr}^{\beta}, r = 1,2,...,R \quad (4.15)$$

（4）初始化内层 PSO。对内层 PSO 进行初始化，随机产生一个个数为 m 的种群，$x = (x_1, x_2, ..., x_m)^T$，其分量分别表示一组权重，代表一个可行解；初始化各粒子的位置 x_l 和速度 v_l。

（5）计算每一个粒子的适应度值，并与 pbest 比较，如当前粒子适应度值更优，则更新 pbest 为当前值；比较粒子适应度值与 gbest，若当前粒子适应度值更优，则更新 gbest 为当前值。

（6）判断条件是否满足终止条件，若满足，则结束内层函数，向外层函数返回最优适应值和对应的最优权重；否则，转至（5）。

（7）将内层函数返回的适应值作为第 i 个粒子（外层代表类中心）的适应值，计算每一个粒子的适应度值，并与 pbest 比较，如当前粒子适应度值更优，则更新 pbest 为当前值；比较粒子适应度值与 gbest，若当前粒子适应度值更优，则更新 gbest 为当前值。

（8）判断条件是否满足终止条件，若满足，则结束运算，否则转至（2）。

基于上述聚类算法可以对海外油气勘探项目进行聚类分析，将勘探项目划分为不同资产类型，以便对勘探项目进行资产结构分析。

4.3.3 海外油气勘探项目分类和投资策略

（1）海外油气勘探项目分类过程

海外油气勘探项目划分建立在多维度评价指标体系的基础上，采用 DPSO-WCoFCM 聚类算法，从资源、效益、风险三个视角将勘探项目划分为不同类型。为了对划分结果进行比较和排序，需要分析每一类勘探项目的特点，以确定该类型勘探项目的投资优先级。海外油气勘探项目分类过程如下：

①分别计算每一类勘探项目各项评价指标的平均值，计算公式如下：

$$x_{ij} = \frac{1}{n_{is}} \sum_{s=1}^{n_{is}} x_{isj} \tag{4.16}$$

式中，x_{ij} 为第 i 类勘探项目第 j 项评价指标的平均值，n_{is} 为第 i 类勘探项目的个数，x_{isj} 为第 i 类勘探项目中 s 个项目的第 j 个评价指标。

②分别计算每一类勘探项目各维度评价指标的评价值，计算公式如下：

$$x_{id} = \frac{1}{n_d} \sum_{v=1}^{n_d} x_{idj_v} \tag{4.17}$$

式中，x_{id} 为第 i 类勘探项目第 d 个维度的指标平均值，n_d 为第 d 个维度的指标个数，x_{idj_v} 为第 i 类勘探项目第 d 个维度第 j 个评价指标的平均值。

③根据各视角权重和各类勘探项目各维度评价指标的平均值加权求和，得到各类勘探项目的综合得分，计算公式如下：

$$x_i = \sum_{d=1}^{3} w_d * x_{id} \tag{4.18}$$

式中，x_i 为第 i 类勘探项目的综合得分，d 为维度个数，w_d 为各维度在聚类过程中的权重。x_i 计算过程基于勘探项目的资源评价、效益评价和风险评价结果，是对勘探项目整体的评价，x_i 越大说明勘探项目的整体价值越高，越应该优选投资。基于 x_i 将勘探资产进行分类，本书选择聚类数为 4，因此可以将勘探资产分为四类。

（2）海外油气勘探项目投资策略

同类勘探项目之间各属性相近，应采取相似的投资策略。不同类勘探项目之间属性相差较大，应采取差异化的投资策略。各类型勘探项目的具体投资策略如下：

①第一类勘探资产的整体价值较高，企业应采取优先投资策略，加大勘探开发

投入，优先保障各类资源的配置，为企业经营提供正向现金流。

②第二类勘探资产整体价值次于第一类资产，某个维度的价值偏低。对于此类资产可以采用"稳步维持"策略，进行正常的勘探开发，最大限度延长生命周期，保证效益。

③第三类勘探资产的整体价值偏低。此类资产的未来发展趋势尚不明朗，虽然具有一定增值潜力，但是风险较高。对此类资产应采取"等待保留"策略，按最低投入进行勘探，等待油价上升或政策利好时再加大勘探力度。对在一定条件下有希望成为第一或第二类的资产在投资上应有所侧重。

④第四类勘探资产整体价值最低，应采取"缩减或放弃"策略，不再增加工作量，果断退出或处置，将资源转向更有潜力的重点区域。

基于上述投资策略，各类勘探资产的投资优先级顺序为第一类勘探资产、第二类勘探资产、第三类勘探资产和第四类勘探资产。

4.4　海外油气勘探项目综合评价方法研究

上文建立了海外油气勘探项目分类评价模型，目的是对海外油气勘探项目进行分类，以比较勘探项目各属性间的异同。对同类勘探项目应采取类似的投资策略，不同勘探项目采用不同投资策略，以突出海外油气勘探项目的差异化投资，提高经营管理水平和投资效益。但是对于同一类型勘探项目，投资者的偏好也不完全相同，因此需要对勘探项目进行综合评价和排序。

4.4.1　海外油气勘探项目综合评价方法选择

海外油气勘探项目综合评价方法的选择过程同勘探项目分类方法选择过程一样，首先需要对现有的综合评价方法进行分析，根据各种方法的优缺点和适用范围，选择适合海外油气勘探项目投资决策特点的评价方法。在油气项目综合评价研究中，层次分析法、模糊综合评价法、主成分分析法、灰色关联分析法、TOPSIS法、数据包络分析法（DEA）等方法应用较广（见表4.3）。

主成分分析法要求评价对象的个数大于指标个数，原始指标数据尽可能呈正态分布以及其结果只具有排序意义等限制性因素，海外油气勘探项目评价指标体系并不完全满足主成分分析法所要求的条件。在层次分析法中，同一层次的元素很多时，易使决策者做出矛盾和混乱的判断，因而不适用于精度要求较高的决策问题。熵值法在计算过程中会遇到对数和熵等概念，要求指标值不能为负数，由于海外油气勘探项目评价指标中存在负值，因此熵值法的应用也受到一定限制。灰色关联分析法适合于动态的历程分析，本书构建的海外油气勘探项目多维度评价指标属于某一时点的截面数据，不适用于灰色关联分析法。模糊综合评价法较为科学可靠，但它却对评价指标间相关性造成的评价信息重复问题无能为力。数据包络分析（DEA）法要求在指标体系的建立过程中就要考虑到DEA方法的使用需要，兼顾输入、输出两类指标的平衡，且输入、输出指标总数不能超过被评价对象数量的一半，限制了该方法在海外油气勘探项目综合评价中的使用。TOPSIS法属于一种独立的评价方法，与前文的海外油气勘探项目分类方法难以建立逻辑联系，不适宜采用。敏感性分析是用逐一改变相关变量数值的方法来解释关键指标受这些因素变动影响大小的规律，而权重是各输入变量在输出变量中所占的重要性程度的描述，从此角度来看，利用敏感性分析确定指标权重是合理的，而且该方法对指标类型、个数也没有限制，可以作为海外油气勘探项目的综合评价方法。

表 4.3　海外油气勘探项目综合评价方法

评价方法	主要特点
主成分分析法	客观确定评价对象等级，但未考虑指标实际意义
层次分析法	评价指标优化归类，需要量化数较少，但主观性较大
灰色关联分析法	对系统参数要求不高，但分辨系数确定带有一定主观性
TOPSIS法	数据无严格要求，能消除不同量纲带来的影响，但存在逆序问题
模糊综合评价法	基于模糊数学进行排序，按隶属函数评定等级，结果定量和相对可信
数据包络分析法	可以研究多变量的评价问题，但无法区分随机因素和测量误差
敏感性分析法	适用范围较广，客观性强

4.4.2　基于分类敏感性系数的海外油气勘探项目综合评价方法

海外油气勘探项目的特点可以用各项评价指标数据进行表征和度量，评价指标在很大程度上决定了勘探项目的属性和分类等级。一方面，评价指标所包含的信息量越大，对勘探项目的划分程度也越高；另一方面，评价指标对勘探项目所属类别和各类勘探项目数量的影响程度反映了评价指标对勘探项目分类结果的整体重要程度。因此可以借鉴敏感性分析的思想，通过分析单一评价指标有无对勘探项目分类结果的影响来度量该指标的重要程度，并根据影响程度大小分配权重。

设有 m 个海外油气勘探项目评价对象，其组成的评价对象集为 $O = \{O_1, O_2, ..., O_m\}$，利用海外油气勘探项目多维度评价指标体系，按照 DPSO–WCoFCM 聚类方法将勘探项目共分成 n 个类别，并对其进行分类。为度量评价指标对勘探项目分类结果的影响程度，借鉴敏感性分析思想，将保留所有评价指标的分类结果作为基准，将剔除某一指标的分类结果作为对比，分析删除指标前后分类结果的变化情况。如果删除某一指标后使得勘探项目所属类型发生较大变化，且各类型勘探项目数量也发生较大变化，可认为该指标对分类结果的影响较大，应赋予较大权重。海外油气勘探项目综合评价的具体计算步骤如下。

（1）数据预处理。为了消除各项指标的差异，对评价指标进行标准化处理。

（2）基于 DPSO–WCoFCM 聚类算法对海外油气勘探项目进行划分，分析每一类勘探项目的特点，将勘探项目进行分类排序，得到隶属度矩阵，见式（4.19）。

$$V = \begin{bmatrix} v_{11} v_{21} \cdots v_{i1} \\ v_{12} v_{22} \cdots v_{i2} \\ \vdots \quad \vdots \quad \vdots \quad \vdots \\ v_{1s} v_{2s} \cdots v_{is} \end{bmatrix} \tag{4.19}$$

（3）删除第 j 项评价指标，对海外油气勘探项目重新进行分类，得到删除 j 指标后的隶属度矩阵，见式（4.20）。

$$V_j = \begin{bmatrix} v_{j11} v_{j21} \cdots v_{ji1} \\ v_{j12} v_{j22} \cdots v_{ji2} \\ \vdots \quad \vdots \quad \vdots \quad \vdots \\ v_{j1s} v_{j2s} \cdots v_{jis} \end{bmatrix} \tag{4.20}$$

（4）根据隶属度矩阵计算敏感系数，表示如下：

$$\delta_j = \frac{1}{n} \sum_{i=1}^{1} \sum_{s=1}^{S} \frac{(v_{is} - v_{jis})}{v_{jis}} \tag{4.21}$$

δ_j 为隶属度敏感度系数，从整体上反映了勘探项目分类系统对第 j 个指标的敏感度，δ_j 越大，说明第 j 个指标对勘探项目类型划分影响程度越大。

（5）根据敏感度系数计算权重。将 δ_j 归一化后，得到各评价指标的权重 w，公式如下。

$$w_j = \delta_j \Big/ \sum_{j}^{N} \delta_j \tag{4.22}$$

（6）计算勘探项目综合评价得分

在得到各项指标的权重后，加权求和即可得到各勘探项目的综合得分［见式（4.23）］，依据勘探项目的综合评价结果对勘探项目进行排序。

$$c_i = \sum_{j}^{N} w_j d_{ij} \tag{4.23}$$

式中，c_i为第i个项目的综合得分，d_{ij}为第i个项目第j项指标的得分，w_j为第j项指标的权重。

4.5 海外油气勘探项目优先级评价方法

海外油气勘探资产分类的目的是对企业当前的勘探资产类型进行分析，分析哪些是高收益高风险资产、哪些是高收益低风险资产、哪些是低收益高风险资产、哪些是低收益低风险资产。在明确资产类型结构的基础上，基于公司投资战略对各类资产进行配置。而排序的目的是反映投资者的偏好，是对投资战略的具体补充。海外油气勘探项目优先级的确定，首先要反映石油公司的资产配置战略，即根据勘探资产分类结果确定优先投资顺序。在满足投资战略的情况下，要考虑投资偏好，基于综合评价结果确定投资优先级。

海外油气勘探项目优先级评价流程包括以下几个部分。

（1）根据建立的海外油气勘探项目评价指标体系和收集整理的数据，对海外油气勘探项目进行多维度评价。

（2）根据各维度评价结果，采用DPSO–WCoFCM聚类方法对勘探项目进行分类，确定每一类勘探项目的投资优先级。

（3）基于分类结果，采用分类敏感性系数确定各指标权重，依据项目综合评价结果，对勘探项目进行排序。

（4）根据勘探项目分类和综合排序结果，确定勘探项目投资优先级。

海外油气勘探项目投资优先级需要满足如下规则。

（1）第一类勘探项目的优先级最高，其次是第二类项目，以此类推，确定每一类勘探项目的投资优先级。

（2）在同类型勘探项目中，优先投资排序靠前的资产。

（3）当资产分类结果和排序结果不一致时，以分类结果作为优先级判断标准。

以表4.4为例，对海外油气勘探项目投资优先级规则进行说明。第一类资产的优先级最高，在第一类资产中根据排序结果确定优先级。然后考虑第二类资产，根据第二类资产排序结果确定优先级，以此类推。可以注意到，在表4.4中，D项目位于第一类资产，但是排序在E和F资产之后。对于此类情况，依然优先考虑投资D

资产。

为了实现海外油气勘探项目投资优先级规则，可以采用优先队列（Priority Queue）进行表述。优先队列是一个至少能够提供插入（Insert）和删除最小（DeleteMin）这两种操作的数据结构，可以用二维堆实现。堆有两个性质：结构性质（structure property）和堆的顺序性（heap order property）。堆是一个除了底层节点外的完全填满的二叉树，底层可以不完全，左到右填充节点，这样的树叫作完全二叉树。鉴于完全二叉树是一个很整齐的结构，因此可以不用指针而只用数组来表示一颗完全二叉树。对于处于位置i的元素，它的左子节点在2*i，右子节点在2*i+1，它的父节点在i/2（向下取整）。堆的顺序性质是指根节点应该是最小的节点，每个子树的根节点也应该是最小的，基于上述性质就可以找到最小值，即最高优先级，然后对其进行操作。

采用优先队列的数据结构，以表4.4为例建立海外油气勘探项目优先级的堆结构，见图4.3。图中A、B、C、D表示第一类、第二类、第三类和第四类勘探项目，优先级依次递减。1、2、3节点等表示综合排序顺序，数值越小优先级越高。在堆结构中，父节点的优先级要求高于子节点，根节点的优先级最高。勘探项目优先级的具体实现过程见图4.4。根节点的优先级最高，优先选择根节点，并将节点1的根节点从堆结构中删除，并从节点2和节点3中选择优先级高的移动到根节点。节点2和节点3同属于A类项目，但是节点2的排序更高，因此将节点2移动到根节点。节点2原来的位置由节点4和节点5补充。节点5属于A类勘探项目，节点4属于B类勘探项目，A的优先级更高，因此将节点4向上移动。同理将节点8向上移动。以此类推直到全部勘探项目都被选取完毕。

表 4.4　投资优先级规则

分类优先级	排序优先级
I	A_1，B_2，C_3，D_5
II	E_4，F_6，G_7
III	H_8，I_9，J_{11}
IV	K_{10}，L_{12}

本书建立的海外油气勘探项目优先级规则是为了解决在投资战略和投资偏好不一致时，如何确定投资优先级的问题。建立的优先级规则体现了战略优先的思想，以符合石油公司的长期资产配置战略。

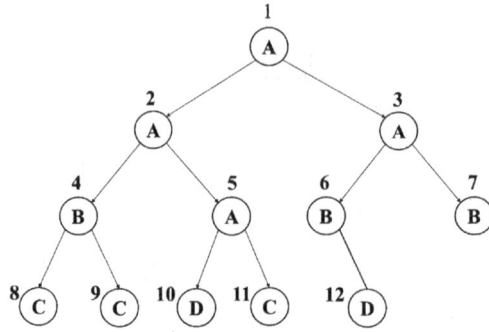

图 4.3　海外油气勘探项目优先级堆结构

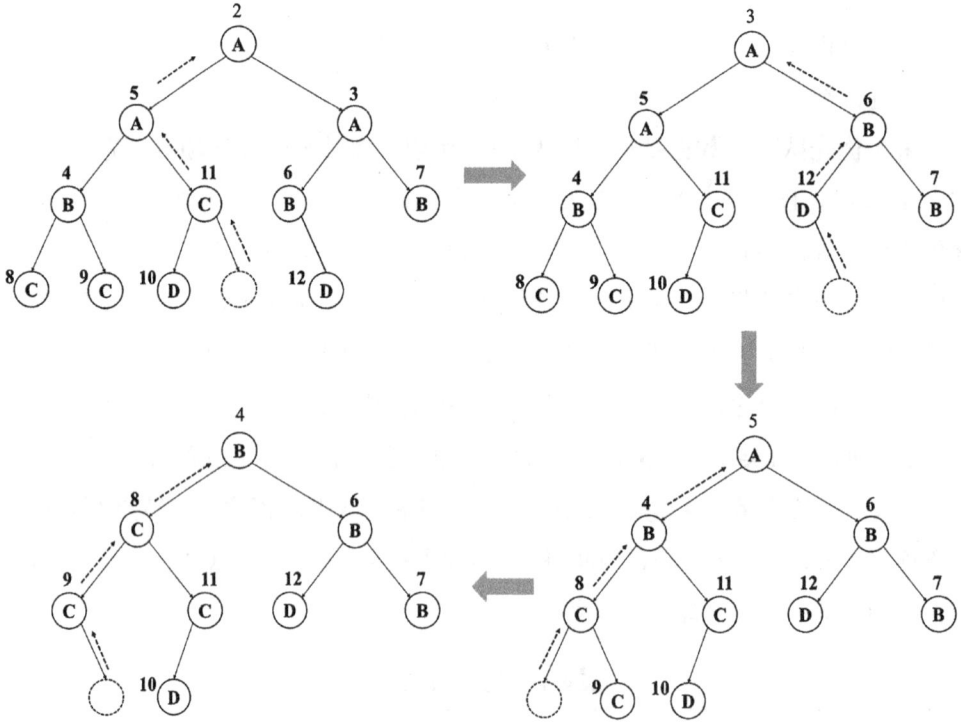

图 4.4　海外油气勘探项目优先级实现过程

4.6　本章小结

在第 3 章构建的海外油气勘探项目多维度评价指标体系基础上，进一步建立了海外油气勘探项目投资优先级评价方法。主要步骤包括对评价指标的收集、计算和预处理，基于评价指标进行多视角分类，基于分类敏感性系数进行综合排序，结合海外油气勘探项目的分类和排序结果确定投资优先级。主要研究内容包括以下几点。

（1）针对第 3 章构建的海外油气勘探项目多维度评价指标体系，对评价指标的各项数据来源进行说明，确保评价指标的准确性和客观性。分析了各项评价指标的类型，说明了不同类型指标的标准化处理方法。

（2）为了使海外油气勘探项目的分类结果更加准确，对已有的多视角加权模糊聚类算法进行了改进，采用嵌套的粒子群优化算法对聚类中心和各视角权重进行优化。根据聚类结果，将海外油气勘探项目划分为四类。第一类勘探项目资源规模大，经济效益好，风险低；第二类勘探项目经济效益中等，风险较低，略差于第一类项目；第三类勘探项目经济效益较差，风险较高，但是仍存在一定升值潜力；第四类勘探项目经济效益最差，风险最大，增值潜力较低，应考虑中止或退出该项目。

（3）研究了海外油气勘探项目综合排序方法。根据海外油气勘探项目分类结果，基于敏感性分析思想，计算了各项评价指标的权重，并对勘探项目进行综合排序，以确定投资者偏好。

（4）在海外油气勘探项目分类和排序结果的基础上，提出了海外油气勘探项目优先级评价方法。保障第一类勘探资产的排序要高于第二类、第三类和第四类资产，第二类勘探资产的排序要高于第三类和第四类，以此类推。在类型相同的情况下，优先投资综合排序高的勘探项目，并采用二维堆结构实现海外油气勘探项目投资优先级规则。

第5章

基于投资优先级的海外油气勘探项目组合优化模型及算法研究

随着国际油价下跌，上游勘探效益下降，如何使用好有限的勘探资金，提高效益，降低风险，实现资源的优化配置成为海外油气业务发展的重点。本章是在对现有油气勘探项目投资组合优化研究的基础上，根据海外油气勘探项目特点，运用多目标优化的思想研究海外油气勘探项目组合优化问题。在研究过程中，首先需要分析海外油气勘探项目组合优化的特点，与金融资产投资组合优化存在哪些差异，形成海外油气勘探项目组合优化的假设前提。在此基础上，分析海外油气勘探项目组合的目标函数和约束条件，构建海外油气勘探项目组合多目标优化模型，并给出多目标优化求解算法。结合上一章的海外油气勘探项目投资优先级，对多目标优化的帕累托解集进行排序优选，为海外油气勘探项目投资决策和组合优化提供建议。

5.1 海外油气勘探项目组合优化的特点和假设

投资组合理论起源于金融市场，其假设前提也是针对金融市场而言。对于海外油气勘探项目，不能直接套用投资组合理论的假设条件和相关观念，必须在分析海外油气勘探项目特点的基础上，形成新的假设条件，构建符合油气行业和海外投资特点的投资组合优化模型。

5.1.1 海外油气勘探项目组合优化的特点

海外油气勘探项目投资组合优化不同于传统证券市场上的投资组合优化，需要考虑海外投资和油气行业的特点。与证券市场相比，海外油气勘探项目组合优化的主要特点如下。

（1）市场有效性假设不同。投资组合理论假设证券市场是一个有效市场，有足够的交易双方，并且市场信息充足，公开透明。在有效市场假设下，证券价格充分反映了资产价值，由市场决定价格。但是对于海外油气勘探项目，并不存在一个有效市场，勘探项目的交易需要买卖双方进行大量的信息收集和分析，通过折现现金流法进行定价。除了定价方式的不同，在资源的流动性、可分割性等方面，证券资产和勘探资产也存在极大差异。

（2）收益和风险的衡量方式不同。由于海外勘探资产和证券资产在定价、流动性和可分割性等方面存在的一系列差异，导致对勘探资产收益和风险的衡量也有别于证券资产。证券资产拥有丰富的历史数据，可以准确地计算各项资产的收益、风险以及各项资产之间的相关系数，进而得到投资组合的收益和风险。勘探项目没有市场价格，需要采用折现现金流法进行评价，计算项目的净现值和内部收益率等各项指标。由于内部收益率指标本身存在的缺陷，不适宜作为勘探项目的收益指标，因此一般选择净现值、净现值率和净年值率作为勘探资产收益，进而计算勘探资产组合的收益。在风险指标方面，海外油气勘探项目面临的风险更加复杂，既包括地质风险、合同风险等内部风险，也包括油价、投资国环境等外部风险。因此对风险的量化需要结合定性和定量两种方法。

（3）资产之间的相关性不同。在计算组合风险时都需要考虑资产之间的相关性。完全相关的资产组合并不能降低风险，其他情况下资产组合可以在一定程度上降低风险，风险的分散程度取决于各项资产之间的相关性。对于证券资产而言，各项资产之间的相关性与资产之间的性质或与其所代表的行业有关，从而表现出正相关、负相关和不相关。对于勘探资产而言，勘探资产收益在整体上受油价波动影响表现出正相关性，在油价不确定的情况下，各项勘探资产之间的相关性较弱，如果不考虑篱笆圈，可认为各项勘探资产相互独立。

5.1.2　海外油气勘探项目组合优化假设

海外油气勘探项目组合优化不同于金融市场上证券资产的优化，具有自身的行业特点，因此在构建海外油气勘探项目组合优化模型时，首先要说明油气勘探项目投资组合优化的前提假设，即在什么情况下适用该模型。海外油气勘探项目组合优化的基本假设如下。

（1）立即开发假设

立即开发假设是指在项目技术经济可行，且资金充足的情况下对该项目立即开发，不考虑开发延后等情景。国内勘探项目勘探周期较长，开发时机受众多因素影响，决策存在一定的灵活性，但是海外油气勘探项目勘探周期较短，在勘探期结束前要做出是否开发的投资决策，适用于立即开发假设。

（2）开发方案不变假设

海外油气勘探开发项目按照评价时假设的开发规划进行生产，勘探期、开采速度固定不变，不考虑油价波动情况下企业提前或延后勘探期、调整开采速度等经营策略。

（3）管理者厌恶风险

油气勘探项目投资决策者是风险厌恶者，风险厌恶者对风险的承受能力与风险补偿相关。只有在获得足够补偿的前提下，投资者才愿意承担风险。

（4）最佳现金流假设

油气勘探开发项目以追求经济效益为中心，并不是采出的储量越多越好。在经济评价的过程中需要考虑截断，即当油气开发的边际成本高于边际收益时停止开采，此时的项目净现值最大。

5.2 海外油气勘探项目组合多目标优化模型构建

海外油气勘探项目投资的目的是取得收益，关键是控制风险，因此海外油气勘探项目组合优化分析应对勘探组合进行风险和收益的权衡，通过多样化分散投资风险。在明确勘探项目组合的目标函数和约束条件的基础上，构建海外油气勘探项目组合多目标优化模型。

5.2.1 海外油气勘探项目组合优化目标的确定

现有的油气勘探项目组合优化目标可以分为三类：第一类是在组合收益一定时使得勘探项目组合风险最小；第二类是在组合风险一定时使得勘探项目组合收益最大；第三类是基于帕累托优化，即在不增加风险的情况下，使得收益最大；不减少收益的情况下，使得风险最小，从而得到帕累托解集。前两类方法的优点是单目标优化，最优解是唯一的，但是缺点非常明显，即确定一个适当的风险和收益水平存在很大主观性，难以进行科学合理的判断。第三类方法的缺点是计算复杂，且最优解并不唯一，但是优点是决策过程更加科学合理，减少了人为因素的干扰，因此，海外油气勘探项目组合采用多目标优化，同时设定收益和风险两个目标函数。

对于海外油气勘探项目的决策变量，大部分的研究都采用0-1变量表示，0表示不投资，1表示投资。在实际应用中，0-1变量法适合对新项目的投资组合优化。对于已经支付定金，进入勘探阶段的在执行项目，企业不可能轻易退出，但是可以在完成最低义务工作量的前提下减少投资。因此，海外油气勘探项目的多目标优化应该采用混合整数规划，决策变量可以取0到1之间的任何数。

（1）勘探项目组合收益的衡量指标——组合净年值率

海外油气勘探项目的经济效益主要由净现值和内部收益率表示，但是这两个指标并不适合用来表示勘探项目组合收益，主要原因如下：一是项目净现值没有考虑勘探项目期限和投资额的差异，因此不适合在投资组合中使用；二是内部收益率受现金流结构影响，可能无解或存在多个解，也不适用于海外油气勘探项目组合。净年值率消除了勘探项目期限和投资额的差异，可以在不同勘探项目之间比较，因此选择净年值率指标来衡量勘探项目组合收益。净年值率公式如下：

$$\text{NAVR}_p = \sum_{i=1}^{n} \frac{NAV_i}{I_{ip}} \times x_i \tag{5.1}$$

式中，NAVR_p为勘探项目组合的净年值率，NAV_i为第i个项目的净年值，I_{ip}为第i个项目的投资净现值，x_i为第i个项目的投资比例。

（2）勘探项目组合风险的衡量指标——组合风险价值

海外油气勘探项目风险指标不同，采用的量化方法也存在差异。对储量风险、产量风险、油价风险采用蒙特卡洛模拟法计算下偏距表示风险，汇率风险则采用变异系数进行表示，政治风险、宏观经济风险、商业环境风险和法律风险采用信用评级结果进行打分，合同风险则是用承包商所得比例表示。由于不同风险的衡量方式不同，不存在统一的风险量化指标，因此选择综合评价中项目的风险评分表示勘探项目风险价值。假设各勘探项目之间相互独立，勘探项目组合的风险价值计算公式如下：

$$\text{F} = \sum_{i=1}^{n} x_i f_i \tag{5.2}$$

式中，F表示组合整体的风险价值，f_i表示各项目的风险价值。

海外油气勘探项目的任务是获取资源，目的是取得收益，关键是控制风险，投资组合的收益和风险是反映企业投资水平的核心，企业的核心战略是实现收益的最大化和风险的最小化，因此将海外油气勘探项目组合的目标函数定义为组合净年值率最大化和风险价值最大化（即组合风险最小）：

$$\max \text{NAVR}_p = \sum_{i=1}^{n} x_i NAVR_i \tag{5.3}$$

$$\max \text{F} = \sum_{i=1}^{n} x_i f_i \tag{5.4}$$

5.2.2 海外油气勘探项目组合优化约束条件分析

海外油气勘探项目组合优化过程中，需要根据实际情况考虑资金、技术和工作任务等一系列约束条件。从中长期勘探战略角度来看，一要满足石油公司的中长期投资规划，合理配置资金；二要满足储采比约束，实现长期可持续发展。从短期生产约束来看，要考虑年度投资计划以及每年的储量和产量约束。

（1）中长期投资约束条件

①中长期投资约束

$$\sum_{i=1}^{n} X_i \times IE_i + \sum_{i=1}^{n} X_i \times ID_i + \sum_{i=1}^{n} X_i \times IS_i + \leqslant I \tag{5.5}$$

式中，X_i 为第 i 个项目的投资比例，IE_i 为第 i 个项目的勘探投资，ID_i 为第 i 个项目的开发投资，IS_i 为第 i 个项目的地面工程投资。

②储采比约束

剩余储量按照当年的产量开采，必须能够开采 η 年（一般取15年或20年）。储采比约束是为了保证油田可以持续、稳定开采。式（5.6）表示储采比约束，剩余储量＝上年度剩余储量＋本期新增加储量－本期产量。

$$\frac{\sum_{i=1}^{I} N_{it}}{\sum_{i=1}^{I} q_{it}} \geqslant \eta \tag{5.6}$$

式中，N_{it} 为第 t 年第 i 个区块剩余储量，q_{it} 为第 t 年第 i 个区块产量，η 为储采比。

（2）短期投资约束条件

①年度计划投资约束

油田的投资活动具有较强的计划性。针对某一含油区域，对其将来的特别是下一年度的勘探开发活动都有一个从总量上加以控制的预算投资。以 I_t 表示下一年度在某油区的总投资额，I_i 表示下一年度分配给第 i 个区块的投资，则其应满足关系：$\sum_{i}^{n} I_i = I$。$n = 1，2，3 \cdots$，n 为该油区下一年度需要投资的含油区块总数。

②储量约束

储量是保障油气企业可持续发展的核心，因此勘探项目必须要有足够的资源储备，根据公司未来的战略规划，需要设定一个最低储量约束。

$$\sum_{i=1}^{n} X_i \times R_{it} \geqslant R \tag{5.7}$$

式中，R 为年可采储量最低值，R_{it} 为第 i 个项目的预计可采储量。

③产量约束

海外油气勘探项目组合的年产量要满足年度海外油气产量计划要求。

$$\sum_{i}^{n} q_{it} \geqslant q \tag{5.8}$$

④储量接替率

储量接替率是反映储量接替能力的指标，是指年新增探明可采储量与当年开采消耗储量的比值。储量接替率与储采比均是反映油田企业能否持续发展的指标，它们之间的数量关系是：当储量接替率大于1时，储采比会上升；当储量接替率小于1时，储采比会下降；当储量接替率等于1时，储采比保持不变。储量替代率约束如下。

$$\frac{\sum_i^n Y_{it}}{\sum_i^n O_{it}} \geqslant 1 \tag{5.9}$$

上述目标函数和约束条件组合在一起共同构成了海外油气勘探项目组合多目标优化模型。

5.2.3　基于投资优先级的勘探项目投资组合排序优选

对海外油气勘探项目进行多目标优化求解，得到的是帕累托解集。决策者需要根据自身投资偏好对多目标优化得到的勘探项目投资组合进行分析和比较，从而优选出符合投资者偏好的最优解。投资者的偏好取决于项目优劣，项目优先级越高，投资者对该项目的偏好也越高，因此可以采用投资优先级作为投资者的投资偏好，基于投资优先级对勘探项目组合进行排序优选。

勘探项目组合排序的基本思路是根据勘探项目的投资优先级顺序，对勘探项目组合进行逐一分析，对优先级越高，投资比例越大的勘探项目组合优先筛选，具体排序过程如下：

（1）根据勘探项目分类和综合排序结果，构造满足条件的二维堆数据结构。

（2）基于二维堆结构特点，对勘探项目按优先级顺序进行遍历，搜索该优先级下投资比例最高的勘探项目组合。例如，以投资优先级最高的勘探项目为基准，在所有勘探项目组合中搜索该项目投资比例最高的组合并保留；然后以优先级排序第二的勘探项目为基准，在保留的勘探项目组合中搜索该项目投资比例最高的组合并保留。以此类推，直到得到唯一的勘探项目组合或所有勘探项目的优先级遍历完成，最终得到的解即为最优解。

（3）删除第二步得到的最优解，对剩余的勘探项目组合继续执行第二步的操作，得到次优解。以此类推，直到所有的勘探项目组合全部遍历为止。

（4）对勘探项目组合进行排序优选。

以4.5节投资优先级为例，对海外油气勘探项目组合排序优选进行说明，示例见图5.1。节点1的投资优先级最高，先以节点1对应的勘探项目为基准，在勘探项目组合中寻找节点1勘探项目投资比例最高的组合并保留；然后以节点2对应的勘探项目为基准，在保留的勘探项目组合中寻找节点2勘探项目投资比例最高的组合，以此类推直到所有项目都遍历或解唯一，此时得到的解即为最优解。第二步删除上一步得到的最优解，在剩余勘探项目组合中寻找最优解，直到所有帕累托解全部遍历，完成对勘探项目组合的排序过程。

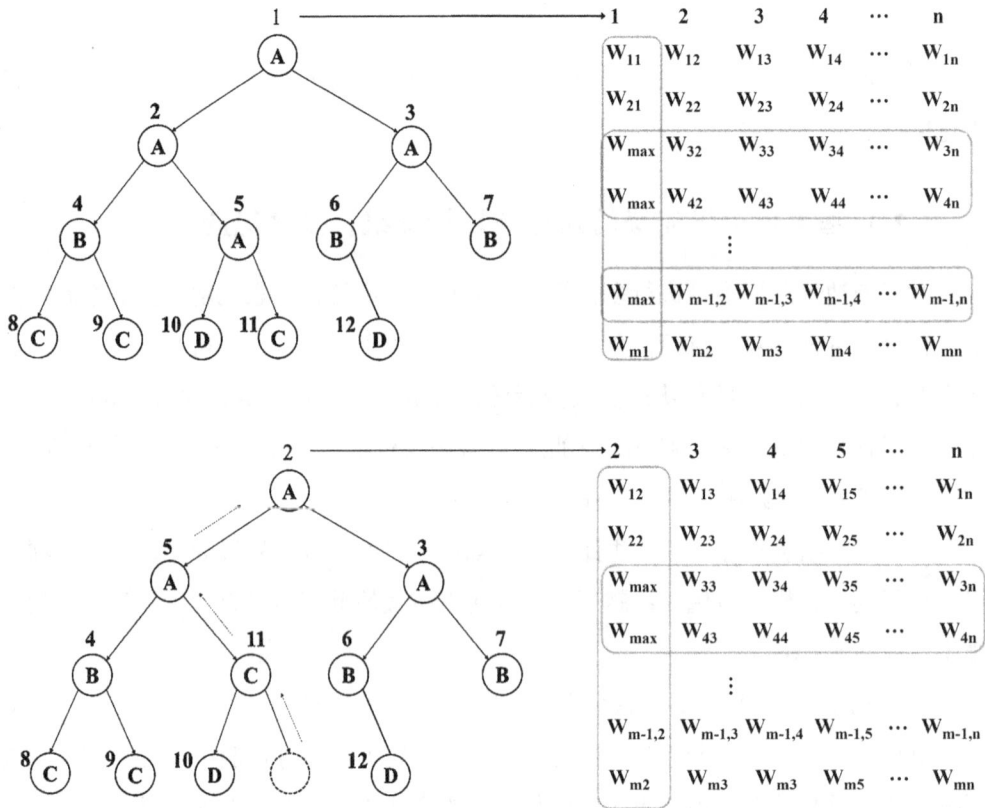

图5.1　海外油气勘探项目组合排序示例

5.3　基于自适应多元宇宙优化的多目标优化算法研究

根据对已有文献的研究，传统的勘探项目组合多目标优化求解是将多个目标通过一定规则（基于决策者的偏好）转化为单一目标后进行求解，这样做的优点是计算简单，最优解唯一，缺点是各目标的权重难以确定，主观性较强。进化算法基于非支配解的思想，可以对多个目标进行优化，得到一组帕累托解，更符合多目标优化的要求。与传统多目标优化方法相比，进化算法具有计算简单、调整参数较少、搜索效率高等特点，因而被广泛应用于多目标优化求解中。多元宇宙优化算法（Multi-Verse Optimizer，MVO）作为一种新提出的启发式算法，具有比遗传算法、粒子群算法更少的调整参数和更稳定优化结果，因而得到广泛应用[165]。本书在MVO算法的基础上，提出自适应多元宇宙优化算法对勘探项目组合多目标优化问题进行求解。

5.3.1 多元宇宙优化算法介绍

（1）MVO算法的物理学背景

MVO算法是由Mirjalili（2016）[166]提出的一种启发式算法，借鉴了物理学中的多元宇宙理论。在20世纪50年代，物理学家在观察量子时发现量子的状态总是在变化，由此提出多元宇宙的概念。多元宇宙理论有三个主要概念：黑洞、白洞和虫洞。黑洞的概念起源于广义相对论，是一种已经被证实存在的天体。根据爱因斯坦的相对论，黑洞是由恒星崩塌造成的。黑洞的引力非常大，物体的运动速度高于光速才可能从黑洞中逃逸。白洞是一种可能存在的天体，目前还没有被发现。多元宇宙理论认为白洞与黑洞相似，区别在于白洞是一个出口，事物只能从白洞离开。虫洞作为一个时空隧道，将黑洞和白洞连接起来。宇宙通过黑洞、白洞和虫洞达到稳定状态，这就是MVO算法的物理背景。

（2）MVO算法介绍

多元宇宙优化算法将搜索过程分为探索与开发两个阶段。MVO算法利用白洞和黑洞探索搜索空间，利用虫洞协助开发搜索空间。我们假设每个可行解都是一个宇宙，每个决策变量是宇宙中的一个物体。将膨胀率作为适应度函数值。在优化过程中，MVO算法遵循以下规则：①高膨胀率存在黑洞的概率低，存在白洞的概率高；②在膨胀率低的宇宙通过黑洞吸收物体，在膨胀率高的宇宙通过白洞发送物体；③宇宙中的物体可以不受膨胀率的影响，通过虫洞向着最优的宇宙随机移动。

MVO算法的计算过程如下：

①初始化宇宙个数和宇宙位置，设定最大迭代次数和变量区间[ub, lb]。

②根据宇宙的膨胀率进行排序，通过轮盘赌机制选择一个白洞。

$$x_i^j = \begin{cases} x_k^j & r1 < NI(U_i) \\ x_i^j & r1 \geq NI(U_i) \end{cases} \tag{5.10}$$

式中，x_i^j为第i个宇宙的第j个参数；U_i为第i个宇宙；NI为第i个宇宙膨胀率；$r1 \in [0, 1]$上的随机数；x_i^j为基于转盘赌机制选择的第k个宇宙的第j个参数。

③更新虫洞存在概率（WEP）和旅行距离率（TDR），并且进行边界检查。

$$WEP = \min + l \cdot \left(\frac{\max - \min}{L}\right) \tag{5.11}$$

$$TDR = 1 - \frac{l^{1/p}}{L^{1/p}} \tag{5.12}$$

式中，max、min为虫洞存在概率WEP的最大、最小值，取1和0.2。p为开发精度，取6。L是最大迭代次数，l为当前迭代次数。下图5.2是WEP和TDR在迭代过程中的变化趋势，WEP迭代初期较低，TDR迭代初期较高，以增加算法的探索能力。迭代过程中，WEP变大，TDR变小，以增强局部搜索能力。

④计算每个宇宙的膨胀率，若优于当前宇宙膨胀率，则更新当前宇宙膨胀率，否则保持不变。

⑤对宇宙位置进行更新。

$$x_i^j = \begin{cases} \begin{cases} X_j + TDR \times \left((ub_j - lb_j) \times r4 + lb_j\right) & r3 < 0.5 \\ X_j - TDR \times \left((ub_j - lb_j) \times r4 + lb_j\right) & r3 \geq 0.5 \end{cases} & r2 < WEP \\ x_i^j & r2 \geq WEP \end{cases} \tag{5.13}$$

式中，$r2, r3, r4 \in [0, 1]$上的随机数；ub_j为第j个变量的最大值；lb_j为第j个变量的最小值。

⑥判断条件是否终止，若满足条件则输出相应结果，否则迭代次数加1，并返回第二步。

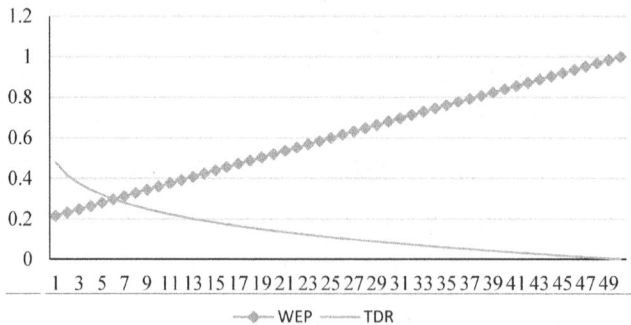

图5.2　WEP 和 TDR

（3）转盘赌选择

转盘赌机制由Holland（1987）[167]提出，因简单实用而被广泛使用。转盘赌是一种基于比例的选择，它是利用各个宇宙膨胀率所占比例的大小决定其子孙保留的概率（见图5.3）。在MVO算法中，各宇宙的膨胀率在全部宇宙的膨胀率之和中所占比例不一，决定了各个体被遗传到下一代群体中的概率。

对于某个宇宙 i，其膨胀率为 f_i，宇宙个数为 M，则该选择算子的具体执行过程为：

① 计算出多元宇宙中所有个体的膨胀率的总和

$$F = \sum_{i=1}^{M} f_i \, (i = 1, 2, \cdots, M) \tag{5.14}$$

式中 f_i 为第 i 个个体的膨胀率，M 为宇宙个数，F 为所有个体膨胀率的总和。

② 计算每个个体被选取的概率

$$P_i = f_i \Big/ \sum_{i=1}^{M} f_i \, (i = 1, 2, \cdots, M) \tag{5.15}$$

③ 最后模拟赌盘操作来确定每个个体被选中的次数。

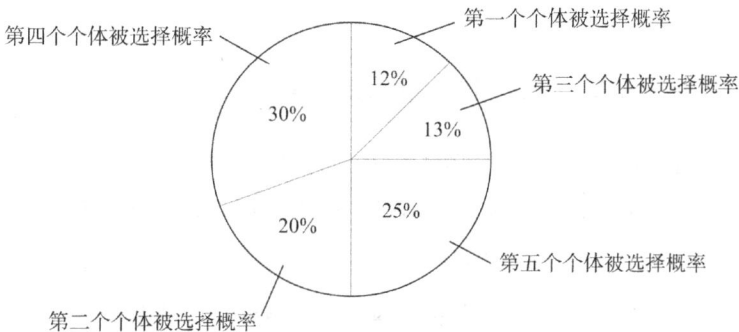

第四个个体被选择概率　第一个个体被选择概率
12%
第三个个体被选择概率
30%
13%
20%　25%
第五个个体被选择概率
第二个个体被选择概率

图 5.3　转盘赌选择示意图

5.3.2 自适应 MVO 算法

标准 MVO 算法在实践中被广泛应用，但也存在易陷入局部最优解的问题。一方面，当 MVO 偏向开发（WEP 太高和 TDR 太低），该算法过早收敛到局部最优。另一方面，当 MVO 偏向探索（WEP 太低和 TDR 太高），往往会抑制早熟收敛，并且在最坏的情况下默认为随机搜索。一个高效的搜索必须保持探索和开发能力之间的平衡。近年来，提出了许多自适应技术以平衡进化算法的探索和开发能力[168-171]。本书在标准的 MVO 算法的基础上，引入自适应机制，根据迭代次数和膨胀率自动调整 WEP 和 TDR 的值，使迭代过程更加高效。

在自适应 MVO 算法中，可根据迭代次数和膨胀率调整 WEP。将个体膨胀率值与平均值进行比较，如果个体膨胀率值低于平均值则增加 WEP，提高开发能力，反之则降低 WEP，提高探索能力。

$$WEP(i) = \begin{cases} 0.2, & f_i \geqslant f_{avg} \\ min + l \cdot \left(\dfrac{max - min}{L} \right) + 0.2 \times \left(1 - \dfrac{l}{L} \right) \times \dfrac{f_{avg} - f_i}{f_{avg} - f_{min}}, & f_i < f_{avg} \end{cases} \tag{5.16}$$

式中，f_{avg}是每一代的平均膨胀率值，f_{min}是每一代的最小膨胀率，f_i是第i个宇宙的膨胀率。

同理，可以根据迭代情况和个体膨胀率自动调整TDR。如果个体膨胀率低于平均值则降低TDR，提高开发能力，反之则增加TDR，提高探索能力。

$$\text{TDR(i)} = \begin{cases} 0.6, & f_i \geqslant f_{avg} \\ 1 - \frac{l^{1/p}}{L^{1/p}} - 0.2 \times (1 - \frac{l}{L}) \times \frac{f_{avg} - f_i}{f_{avg} - f_{min}}, & f_i < f_{avg} \end{cases} \tag{5.17}$$

相应的对宇宙更新公式进行调整，调整后的公式如下：

$$x_i^j = \begin{cases} \begin{cases} X_j + TDR(i) \times x_i^j r3 < 0.5 \\ X_j - TDR(i) \times x_i^j r3 \geqslant 0.5 \, r2 < WEP(i) \end{cases} \\ \qquad x_i^j r2 \geqslant WEP(i) \end{cases} \tag{5.18}$$

5.3.3 基于AMVO的多目标优化求解

改进的自适应多元宇宙优化算法需要更少的参数，具有更好的探索和开发能力，因此选择该方法对海外油气勘探项目组合多目标优化问题进行求解。对于海外油气勘探项目组合多目标优化问题，在建立目标函数的同时还要处理约束问题，其中最常用的为惩罚函数法。该方法的基本思想是将约束条件作为一个惩罚项加入原目标函数中，形成广义的目标函数，可以采用内点惩罚函数进行求解。广义目标函数表示如下：

$$\phi_j(X) = F\left(f_j(X)\right) + r^{(k)} \sum_{s=1}^{p} G\left(g_s(X)\right) \quad j = 1, 2, \cdots, k \tag{5.19}$$

式中，$F\left(f_j(X)\right)$为各个目标函数通过某种规则加权后的效用函数，$r^{(k)} \sum_{s=1}^{p} G\left(g_s(X)\right)$为惩罚项或惩罚函数，惩罚函数越大，惩罚作用越大，$r^{(k)}$为惩罚因子，随迭代次数以某一规律变化。初始惩罚因子一般取值在1~50，在搜索过程中逐步递减。对于各目标权重无法确定的优化问题，可以将惩罚项加入每个目标函数中。对于海外勘探项目，惩罚项包括投资约束、储量约束等。

基于自适应多元宇宙优化算法的多目标优化求解流程如下：

（1）初始化。设定宇宙个数为N，随机产生一系列宇宙$U = (u_1, u_2, \cdots, u_N)^T$，计算每个宇宙的膨胀率（fitness）。

（2）比较。如果$u_i < u_j(i, j = 1, 2, \cdots, N, i \neq j)$，则将个体$u_i$放入"记忆体"中，$N_r = N_r + 1$；如果$u_i = u_j$或二者等价，则将两个宇宙都放入"记忆体"中，$N_r = N_r + 1$，否则，删除该宇宙。

（3）计算。比较确定最优宇宙。

（4）迭代。对于满足条件的宇宙输出结果，否则，对宇宙进行更新。然后判断是否满足约束条件，不满足则重新计算。

（5）对更新的宇宙个体计算膨胀率并比较，并随时更新帕累托最优解，记录最优解的个数。

（6）判断是否达到迭代次数，不满足则返回步骤（4）。迭代结束后，"记忆体"中所保存的解就是帕累托最优解。

5.4　本章小结

本章分析了海外油气勘探项目组合优化的目标函数和约束条件，建立了海外油气勘探项目组合多目标优化模型，提出了基于自适应 MVO 的多目标优化算法。研究的主要内容如下：

（1）海外油气勘探项目组合的多目标优化求解是将净年值率和风险价值作为目标函数进行求解从而得到一系列帕累托最优解。此外，对于处于投资机会分析阶段的新项目和已经在执行的勘探项目，决策变量是不同的。处于投资机会分析阶段的新项目只有投资或不投资两种状况，可以采用 0-1 变量表示。但是对于在执行项目，退出成本较高，不能轻易退出，但是可以缩减投资，此时决策变量可以用 0 到 1 之间的数字表示，因此海外油气勘探项目多目标优化属于混合整数规划。

（2）为了对海外油气勘探项目组合多目标优化进行快速、准确的求解，本章提出自适应多元宇宙优化算法（AMVO），在传统 MVO 算法的基础上，对虫洞存在概率（WEP）和旅行距离率（TDR）进行自适应更新，使得优化的广度和深度得到提升，优化结果也更为准确。

（3）根据海外油气勘探项目投资优先级，对多目标优化得到的帕累托解集进行排序，选择满足投资者偏好的勘探项目组合和投资比例，为勘探项目组合优化提供决策依据。

第 6 章

海外油气勘探项目评价和优化实例研究

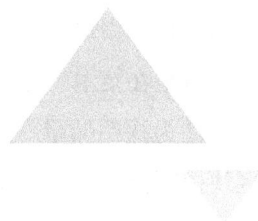

本书以某石油公司在执行海外油气勘探项目为例，采用上文建立的海外油气勘探项目评价和优化模型进行实例分析，对海外油气勘探项目进行评价、分类、排序和组合优化。

本次评价实例共涉及24个勘探区块，其中非洲地区的勘探项目共有7个，分别用A、B、C、D、E、F、G表示；中亚地区共有6个，分别用H、I、J、K、L、M表示；南美勘探项目有6个，分别用N、O、P、Q、R、S表示；亚太地区有4个，分别用T、U、V、W表示；中东地区有1个，用X表示。在24个区块中，滚动区块包括J、K、N、O、Q、R、S、T、U共9个，风险区块包括H、X、M、P、V、W共6个，混合区块包括A、B、C、D、E、F、G、I、L共9个。从合同类型来看，产品分成合同包括A、B、C、D、E、F、G、L、M、T、U、V、W共13个，矿税制合同包括H、I、J、K、Q、R、S、X共8个，风险服务合同包括N、O、P共3个。

6.1 海外油气勘探项目评价实例

根据海外油气勘探项目多维度评价指标体系内容，勘探项目评价实例包括资源评价、经济效益评价和风险评价实例三个部分。

6.1.1 海外油气勘探项目资源评价

（1）资源量指标量化

在海外进行勘探活动，需要采用国际上通用的储量分级标准来估算探明储量。SPE和WPC根据储量不确定性的相对程度，将储量分为探明储量和未探明储量。探明储量是根据地质和工程资料分析，能从已知油气藏中商业性采出的油气量。未探明储量是在技术、经济或法规上不确定性较高的储量，这些储量风险相对较高，无法定性为探明储量。未探明储量根据不确定性程度可细分为概算储量和可能储量。区块探明储量可以根据不同级别储量的数量乘以相应的储量调整因子确定，计算方法如下：

$$N = N_{p1} \cdot x_1 \cdot i_{p1} + N_{p2} \cdot x_2 \cdot i_{p2} + N_{p3} \cdot x_3 \cdot i_{p3} \qquad (6.1)$$

其中，P1表示探明储量，P2表示概算储量，P3表示可能储量，x_1、x_2、x_3取0或1，取1时表示存在该级别储量，取0时表示不存在该级别储量，i_n表示各级储量调整因子[1]，如表6.1所示。最终各勘探项目的资源量（预测探明储量）计算结果见表6.2。

表 6.1　各级储量升级风险调整因子

储量类型	平均转换因子（%）	标准差（%）
探明储量（Proved Reserves）		
探明已投产（Proved Producing Reserves）	96.9	5.62
探明关井（Proved Shut-in Reserves）	81.1	13.59
探明未输出（Proved Behind-pipe Reserves）	73.5	15.89
探明未开发（Proved Undeveloped Reserves）	55.9	20.31
概算储量（Probable Reserves）		
概算已投产（Probable Producing Reserves）	34.8	24.60
概算未输出（Probable Behind-pipe Reserves）	27.5	20.78
概算未开发（Probable Undeveloped Reserves）	22.6	19.49
可能储量（Possible Reserves）		
可能已投产（Possible Producing Reserves）	10.4	11.60
可能未输出（Possible Behind-pipe Reserves）	6.7	10.04
可能未开发（Possible Undeveloped Reserves）	5.7	9.24

（2）资源丰度

资源丰度是指资源量与相应面积的比值，衡量勘探区块的资源潜力。本书对资源丰度的量化采用资源量与合同面积的比值，对不同合同区块的资源量进行比较。资源量估算采用储量转化因子，各区块面积数据来自项目合同报告，最终得到各区块的资源丰度，见表6.2。

（3）动用率

动用程度可以用动用率来表示。滚动探区主要参考项目前期勘探开发数据、风险区块参考邻近区块或最相类似区块数据进行估算，最终得到各区块的动用率数据见表6.2。

---

[1] 美国石油评估工程师协会（SPEE）统计了石油公司储量评估时采用的各级储量转化因子。

（4）单位地震工作量成本

单位地震工作量成本包括单位二维地震工作量成本和单位三维地震工作量成本。单位地震工作量成本等于综合地震投资除以工作量，其中地震投资和工作量数据来源于项目前期可研报告或IHS数据库，各区块的单位地震工作量成本数据见表6.2。

（5）探明储量发现成本

探明储量发现成本等于勘探投资比经济可采储量，数据来源于项目前期可研报告或IHS数据库，各区块的探明储量发现成本数据见表6.2。

表 6.2　海外油气勘探项目资源量指标计算结果

项目	油气资源量（万吨）	油气资源丰度（万吨/平方公里）	动用率	单位二维地震工作量成本（10⁴美元/公里）	单位三维地震工作量成本（10⁴美元/平方公里）	探明储量发现成本（美元/桶）
A	3745	0.21	0.78	0.40	4.00	2.10
B	2936	0.18	0.78	0.30	3.33	1.95
C	2858	0.15	0.77	0.30	3.33	2.35
D	4941	0.10	0.82	0.30	3.33	2.3
E	2098	1.04	0.72	0.77	1.91	2.63
F	1130	0.56	0.62	0.77	1.91	3.13
G	13282	0.20	0.65	0.77	3.30	2.20
H	11059	3.69	0.60	1.05	7.32	1.80
I	1631	0.60	0.61	0.10	3.00	1.95
J	2411	1.36	0.75	0.10	3.00	2.30
K	290	0.30	0.70	0.10	3.00	2.30
L	2045	0.45	0.80	0.54	2.77	2.40
M	964	0.21	0.70	0.54	2.77	2.90
N	3456	1.13	0.70	0.54	2.77	2.70
O	2191	0.28	0.65	1.30	2.77	3.10
P	982	0.07	0.89	1.00	2.00	1.26
Q	963	0.03	0.70	1.00	5.00	5.00
R	309	0.66	0.90	0.12	0.23	4.10
S	437	0.15	0.90	0.12	0.23	1.03
T	546	0.16	0.90	0.12	0.23	1.03

项目	油气资源量（万吨）	油气资源丰度（万吨/平方公里）	动用率	单位二维地震工作量成本（10⁴美元/公里）	单位三维维地震工作量成本（10⁴美元/平方公里）	探明储量发现成本（美元/桶）
U	112	0.17	1.00	0.10	3.00	2.41
V	41	0.06	1.00	0.10	3.00	2.59
W	29	0.01	0.70	0.10	1.30	2.20
X	325	0.06	0.70	0.10	1.30	1.69

6.1.2　海外油气勘探项目经济效益评价

海外油气勘探项目经济效益评价指标的计算是基于第3章的海外油气勘探项目经济效益评价指标量化方法。在计算中采用蒙特卡洛对各项风险因素进行模拟，计算各项指标的期望值，其中风险因素的概率分布类型及取值见表6.3。

表 6.3　风险因素概率分布类型及取值

风险因素	分布类型	分布值
油价	非对称均值回复跳跃	
产量变化指数	三角分布	最大值1.2，最可能值1，最小值0.8
储量	正态分布	参考具体项目
单位操作成本	三角分布	参考具体项目

针对合同模式和勘探项目类型选择产品分成合同下的混合勘探区块作为典型海外油气勘探项目给出详细评估过程，其他勘探项目经济价值评估只给出最终评价结果，不再详细论述。下面将以A项目为例进行详细估算。A项目属于混合区块，合同类型属于非洲地区产品分成合同，财税条款较为简单，除产品分成合同最基本的财税条款外不包含其他特殊条款（如国内市场义务、出口税等）。对经济价值评估所需参数进行收集和整理，得到各参数如表6.4所示。

根据项目A的预期探明储量、动用率、采油速度、递减率、滚动勘探期、上产期、稳产期、递减期可计算得到滚动探区、风险探区的产量剖面如图6.1和图6.2所示。滚动探区滚动勘探8年，8年的产量剖面叠加形成滚动探区整体产量剖面。风险探区需要经历5年的勘探期，经历2年的上产期，3年稳产然后开始递减。

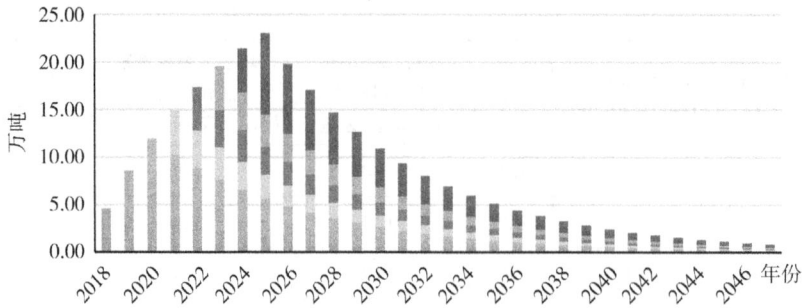

图 6.1　项目 A 滚动探区生产期产量剖面

表 6.4　项目 A 评价基础参数表

参数名称	滚动探区	风险探区	参数名称	滚动探区	风险探区
预计探明储量（万桶）	105938	23191	单位发现成本（美元/桶）	2.19	2.09
单位开发成本（美元/桶）	4.95	4.46	单位建设成本（美元/桶）		50
单位操作成本（美元/桶）	17.35	15.84	工作权益	95%	
评估起始期（年份）	2018		开发合同期（年数）	25	
终止期（年份）	2043	2048	勘探期（年数）		5
上产期（年数）		2	稳产期（年数）	1	3
递减期		19	滚动勘探期（年数）	8	
动用率（%）	80	70	采油速度（%）	1.5	1.0
递减率	15%	20%	地租（美元/平方公里）	25	25
合同面积（平方公里）	17747	17747	油价（美元/桶）	非对称均值回复跳跃模拟100次	
贴水（美元/桶）	7.1		培训费、教育捐款等（万美元）	15	
矿区使用费（%）	0		成本回收限额（%）	60	
生产定金	—		利润油分配比例（%）	25	
年生产天数（天）	330		折旧年限（年数）	10	
折现率（%）	10		流动资金投资比例（%）	5	
所得税（%）	—		地质成功率（%）		65

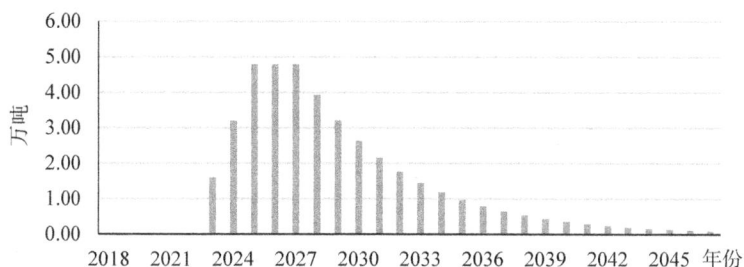

图 6.2　项目 A 风险探区生产期产量剖面

对于滚动探区，根据滚动勘探项目经济评价方法，代入各评估参数的数值，得到项目 A 滚动探区的各项经济效益指标，A 项目滚动探区期望 NPV 为 5076 万美元，内部收益率为 40.49%，4.4 年收回投资。在 60 美元/桶油价下，A 项目滚动探区的现金流量表和利润表见表 6.5 和表 6.6。对于风险探区，需要考虑地质成功率和商业化成功率。地质成功率参考统计数据平均值 65%。开发项目的成功率主要受油价影响，因此可以采用非对称均值回复跳跃模型对油价进行 100 次模拟，代入经济评价模型中，从而得到开发项目的商业化成功率，即 NPV 大于 0 的概率。图 6.3 为 100 次价格模拟计算得到的风险探区开发阶段净现值的直方图。最终计算结果表明，A 项目风险探区的商业化成功概率为 67%，计算得到投入开发的概率为 44%。风险探区的期望经济价值为 –406 万美元。由于风险探区和滚动探区位于同一区块，受财税条款影响，风险探区的勘探开发与滚动勘探存在交互效应。计算得到交互效应价值为 950 万美元，风险探区的最终价值为 544 百万美元。区块整体的期望经济价值为 5581 万美元，内部收益率为 39.45%。同理可以计算得到所有项目的评价结果，最终各项经济效益评价指标结果汇总如表 6.7。

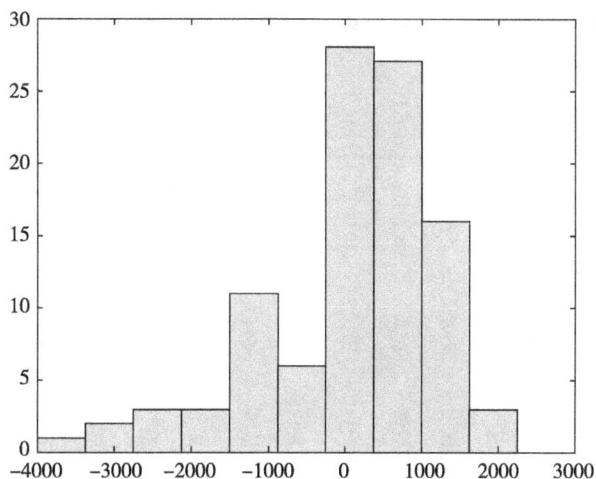

图 6.3　风险探区开发阶段净现值频率分布直方图

表 6.5　A 项目滚动探区现金流量表——60 美元 / 桶

单位：万美元

	1	2	3	4	5	6	7	8	9	10	11	12	13	14
现金流入	1288.0	2396.6	3350.8	4172.1	4878.9	5487.4	5567.0	5724.3	5064.8	4497.3	3018.6	2598.1	2236.2	1924.7
利润油分成	184.0	342.4	478.7	596.0	697.0	783.9	1006.7	1168.9	960.1	780.4	955.8	822.7	708.1	609.4
成本回收	1104.0	2054.2	2872.1	3576.1	4181.9	4703.4	4560.3	4555.3	4104.7	3716.8	2062.8	1775.4	1528.1	1315.3
流动资金回收														
现金流出	2406.2	2961.3	3439.0	3850.1	4204.0	4508.6	4770.8	4996.5	2843.8	2456.0	2122.1	1834.8	1587.5	1374.7
勘探投资	616.1	616.1	616.1	616.1	616.1	616.1	616.1	616.1	0.0	0.0	0.0	0.0	0.0	0.0
开发投资	1034.2	1034.2	1034.2	1034.2	1034.2	1034.2	1034.2	1034.2	0.0	0.0	0.0	0.0	0.0	0.0
流动资金投资	51.7	51.7	51.7	51.7	51.7	51.7	51.7	51.7	0.0	0.0	0.0	0.0	0.0	0.0
经营成本	644.8	1199.9	1677.6	2088.7	2442.6	2747.2	3009.4	3235.1	2784.5	2396.6	2062.8	1775.4	1528.1	1315.3
定金 + 签字费														
地租	44.4	44.4	44.4	44.4	44.4	44.4	44.4	44.4	44.4	44.4	44.4	44.4	44.4	44.4
培训费	15.0	15.0	15.0	15.0	15.0	15.0	15.0	15.0	15.0	15.0	15.0	15.0	15.0	15.0
净现金流	-1118.2	-564.6	-88.2	321.9	674.9	978.7	796.2	727.8	2221.0	2041.3	896.4	763.3	648.7	550.1
CNPC权益现金流	-1062.3	-536.4	-83.8	305.8	641.2	929.8	756.4	691.4	2110.0	1939.2	851.6	725.1	616.3	522.6
累计净现金流	-1062.3	-1598.7	-1682.5	-1376.6	-735.5	194.3	950.7	1642.1	3752.1	5691.3	6542.9	7268.0	7884.3	8406.9

续 表

	15	16	17	18	19	20	21	22	23	24	25	26
现金流入	1656.6	1425.9	1227.3	1056.3	909.2	782.5	673.5	579.7	499.0	429.5	369.6	711.2
利润油分成	524.6	451.5	388.6	334.5	287.9	247.8	213.3	183.6	158.0	136.0	117.0	100.7
成本回收	1132.1	974.4	838.7	721.8	621.3	534.8	460.3	396.2	341.0	293.5	252.6	217.4
流动资金回收												393.0
现金流出	1191.4	1033.8	898.0	781.2	680.7	594.1	519.6	455.5	400.3	352.8	312.0	276.8
勘探投资	0.0	0.0	0.0	0.0	0.0	0.0	0.0	0.0	0.0	0.0	0.0	0.0
开发投资	0.0	0.0	0.0	0.0	0.0	0.0	0.0	0.0	0.0	0.0	0.0	0.0
流动资金投资	0.0	0.0	0.0	0.0	0.0	0.0	0.0	0.0	0.0	0.0	0.0	0.0
经营成本	1132.1	974.4	838.7	721.8	621.3	534.8	460.3	396.2	341.0	293.5	252.6	217.4
定金+签字费												
地租	44.4	44.4	44.4	44.4	44.4	44.4	44.4	44.4	44.4	44.4	44.4	44.4
培训费	15.0	15.0	15.0	15.0	15.0	15.0	15.0	15.0	15.0	15.0	15.0	15.0
净现金流	465.2	392.1	329.2	275.1	228.5	188.4	153.9	124.2	98.6	76.6	57.7	434.4
CNPC权益现金流	441.9	372.5	312.8	261.3	217.1	179.0	146.2	118.0	93.7	72.8	54.8	412.7
累计净现金流	8848.8	9221.3	9534.1	9795.4	10012.5	10191.5	10337.7	10455.7	10549.4	10622.2	10677.0	11089.7

表 6.6　A 项目滚动探区利润表

单位：万美元

	1	2	3	4	5	6	7	8	9	10	11	12	13	14
销售收入	1840.0	3423.7	4786.8	5960.1	6969.9	7839.1	8587.2	9231.1	7945.2	6838.5	5886.0	5066.1	4360.4	3753.1
石油销售收入	1840.0	3423.7	4786.8	5960.1	6969.9	7839.1	8587.2	9231.1	7945.2	6838.5	5886.0	5066.1	4360.4	3753.1
石油产量	33.5	62.4	87.2	108.6	127.0	142.8	156.4	168.1	144.7	124.6	107.2	92.3	79.4	68.4
石油价格	54.9	54.9	54.9	54.9	54.9	54.9	54.9	54.9	54.9	54.9	54.9	54.9	54.9	54.9
成本回收上限	1104.0	2054.2	2872.1	3576.1	4181.9	4703.4	5152.3	5538.6	4767.1	4103.1	3531.6	3039.7	2616.3	2251.8
可回收成本	1965.1	3381.2	4324.8	4861.7	5048.5	4934.0	4560.3	4555.3	4104.7	3716.8	2062.8	1775.4	1528.1	1315.3
操作成本	530.9	987.8	1381.1	1719.6	2011.0	2261.8	2477.6	2663.4	2292.4	1973.1	1698.3	1461.7	1258.1	1082.9
勘探投资折旧	492.9	492.9	492.9	492.9	492.9	492.9	492.9	492.9	492.9	492.9				
开发投资折旧	827.4	827.4	827.4	827.4	827.4	827.4	827.4	827.4	827.4	827.4				
管输费	114.0	212.0	296.5	369.1	431.7	485.5	531.8	571.7	492.1	423.5	364.5	313.7	270.0	232.4
未回收成本结转	861.1	1327.0	1452.7	1285.6	866.5	230.6	0.0	0.0	0.0	0.0	0.0	0.0	0.0	0.0
结余成本油	0.0	0.0	0.0	0.0	0.0	0.0	592.0	983.3	662.4	386.3	1468.8	1264.2	1088.1	936.6
总成本油	1104.0	2054.2	2872.1	3576.1	4181.9	4703.4	4560.3	4555.3	4104.7	3716.8	2062.8	1775.4	1528.1	1315.3
经营成本	644.8	1199.9	1677.6	2088.7	2442.6	2747.2	3009.4	3235.1	2784.5	2396.6	2062.8	1775.4	1528.1	1315.3
利润油	736.0	1369.5	1914.7	2384.0	2788.0	3135.6	4026.6	4675.7	3840.5	3121.7	3823.2	3290.7	2832.3	2437.8
承包商利润油	184.0	342.4	478.7	596.0	697.0	783.9	1006.7	1168.9	960.1	780.4	955.8	822.7	708.1	609.4

续　表

	15	16	17	18	19	20	21	22	23	24	25	26
销售收入	3230.3	2780.3	2393.1	2059.7	1772.8	1525.9	1313.3	1130.4	972.9	837.4	720.8	620.4
石油销售收入	3230.3	2780.3	2393.1	2059.7	1772.8	1525.9	1313.3	1130.4	972.9	837.4	720.8	620.4
石油产量	58.8	50.6	43.6	37.5	32.3	27.8	23.9	20.6	17.7	15.3	13.1	11.3
石油价格	54.9	54.9	54.9	54.9	54.9	54.9	54.9	54.9	54.9	54.9	54.9	54.9
成本回收上限	1938.2	1668.2	1435.8	1235.8	1063.7	915.5	788.0	678.2	583.8	502.5	432.5	372.2
可回收成本	1132.1	974.4	838.7	721.8	621.3	534.8	460.3	396.2	341.0	293.5	252.6	217.4
操作成本	932.0	802.2	690.5	594.3	511.5	440.3	378.9	326.1	280.7	241.6	208.0	179.0
勘探投资折旧												
开发投资折旧												
管输费	200.1	172.2	148.2	127.6	109.8	94.5	81.3	70.0	60.3	51.9	44.6	38.4
未回收成本结转	0.0	0.0	0.0	0.0	0.0	0.0	0.0	0.0	0.0	0.0	0.0	0.0
结余成本油	806.1	693.8	597.2	514.0	442.4	380.8	327.7	282.1	242.8	209.0	179.9	154.8
总成本油	1132.1	974.4	838.7	721.8	621.3	534.8	460.3	396.2	341.0	293.5	252.6	217.4
经营成本	1132.1	974.4	838.7	721.8	621.3	534.8	460.3	396.2	341.0	293.5	252.6	217.4
利润油	2098.2	1806.0	1554.4	1337.9	1151.5	991.1	853.1	734.2	632.0	543.9	468.2	403.0
承包商利润油	524.6	451.5	388.6	334.5	287.9	247.8	213.3	183.6	158.0	136.0	117.0	100.7

从绝对收益来看，L项目的期望经济价值最大，为2.5亿美元，其次是G项目，亏损最高的是H项目。从内部收益率看，L项目的内部收益率最高，C和H的内部收益率最低。从投资回收期来看，J项目回收最快，C和H合同期内无法收回投资。从单位投资效益来看，L项目的单位投入效益最高，G项目的单位产出效益最高。

表 6.7　海外油气勘探项目经济效益指标计算结果

项目	ENPV 或 EMV （万美元）	EIRR （%）	EPB （年）	ENPVR	桶油 ENPV 或 EMV （万美元/桶）
A	5581.13	39.45	4.54	0.58	2.88
B	1153.47	22.92	7.96	0.14	1.72
C	−1199.41	−5.00	31.00	−0.13	−1.96
D	1174.64	24.77	8.03	0.09	1.53
E	1490.32	16.45	8.29	0.18	2.59
F	1413.29	9.93	10.34	0.02	0.23

项目	ENPV 或 EMV（万美元）	EIRR（%）	EPB（年）	ENPVR	桶油 ENPV 或 EMV（万美元/桶）
G	13201.40	35.61	7.34	0.41	3.02
H	−8983.94	−5.00	31.00	−0.09	−2.84
I	1099.09	36.49	5.16	0.31	4.14
J	1724.74	42.31	4.52	0.40	2.98
K	218.26	25.89	6.76	0.43	2.25
L	25772.71	43.16	5.43	0.61	1.15
M	−6266.77	−4.82	31.00	−0.05	−1.09
N	3725.74	18.53	8.92	0.43	2.15
O	1552.90	13.70	9.94	0.24	1.41
P	7666.08	19.17	10.59	0.47	2.93
Q	149.16	13.45	8.23	0.11	1.29
R	−2020.05	5.56	12.93	−0.10	−0.41
S	−3334.39	6.81	11.96	−0.13	−0.29
T	1277.55	20.53	8.26	0.09	1.34
U	−502.02	7.33	9.40	−0.08	−0.41
V	−443.15	3.04	13.72	−0.15	−2.66
W	−874.73	8.81	12.27	−0.03	−0.29
X	−364.12	3.18	12.76	−0.03	−0.75

6.1.3 海外油气勘探项目风险评价

风险指标的特点不同，采用的量化方法也存在差异，储量风险、产量风险、油价风险指标可以通过对风险因素进行模拟，得到 NPV 的概率分布，进而采用下偏矩进行量化。汇率风险可以采用变异系数，即汇率变化方差与均值的比进行量化。国家风险可以借鉴国家风险评级结果进行量化。下文对各项风险指标的量化步骤及结果进行详细说明。

（1）储量风险指标量化

海外油气勘探项目预测探明储量采用各级储量乘以对应的储量转换因子进行估算，但是储量转换因子本身是一个统计值，也存在极大的不确定性，可以用储量转换因子的方差来表示。对应储量的变化范围也可以由储量转换因子和方差进行确定。假设储量变化服从正态分布，通过蒙特卡洛进行模拟，得到NPV的分布函数，将下偏矩作为风险量化指标。在下偏矩计算时，需要考虑期望NPV大于零和小于零两种情况。当期望NPV大于零时，储量风险的下偏矩是指NPV小于期望NPV的部分，当期望NPV小于零时，储量风险的下偏矩是指NPV小于零的部分。

（2）产量风险指标量化

产量风险指标的量化思路同储量风险指标量化一致，假设产量波动服从三角分布，通过蒙特卡洛进行模拟，得到NPV的分布函数，将下偏矩作为风险量化指标。

（3）油价风险指标量化

油价的波动规律更加复杂，通过对过去二十年油价波动的研究，构建了油价的非对称均值回复跳跃波动模型，通过蒙特卡洛模拟勘探开发期内的油价，得到NPV的分布函数，将下偏矩作为油价风险量化指标。

（4）汇率风险指标量化

汇率风险量化采用变异系数表示，分别计算各投资国十年历史汇率的方差和均值，计算变异系数作为国家汇率风险的量化指标，变异系数越大说明投资国的汇率风险也越大。

（5）合同风险指标量化

海外油气勘探项目合同风险采用承包商所得比例表示，承包商所得比例越高，表示合同风险越小。郭瑞[142]详细论述了承包商所得比例的计算方法和过程，本书直接采用该方法进行计算，具体过程不再赘述。

（6）国家风险指标量化

对于政治风险、宏观经济风险、商业环境风险和法律风险，采用中国出口信用保险公司发布的《国家风险分析报告》（2015）对各投资国的风险评级结果。国家风险评价报告对除中国以外的192个国家进行了评级。"国家风险参考评级"分为1至9级，风险水平依次升高。

在对具体国家的评价上细分为政治风险、宏观经济风险、商业环境风险、法律风险四个维度十七项指标。指标的评价采用正面、稳定、负面三个级别。正面表示未来一年内一国某项风险水平可能相对下降；稳定表示风险水平可能保持不变；负面则表示风险水平可能上升。用1表示正面，2表示稳定，3表示负面来量化各项指标，取四类风险中各项指标的平均值作为政治风险、经济风险、商业环境风险和法律风险的量化指标。四项风险指标乘以国家整体风险级别来量化国家整体政治风险、宏观经济风险、商业环境风险和法律风险。基于中国石油企业海外勘探项目投资分布情况，选择油气资源丰富的非洲、中亚和俄罗斯、西亚、中东、亚太、南美和北美等七个大区共30个国家，基于上述方法对主要资源国的政治、经济、商业环境和法律风险进行评价，评价结果见表6.8。

海外油气勘探项目风险指标计算结果汇总如表6.9。从油价风险来看，H项目的油价风险最大，U项目的油价风险最小。从汇率风险来看，非洲地区的汇率风险较大，南美地区的汇率风险较小。从合同风险来看，产品分成合同的风险较大，矿税制合同的风险较小。从国家风险来看，非洲地区的风险较大，亚太地区的风险较小。从储量和产量风险来看，H项目的风险最大，K项目的风险最小。

表 6.8　主要油气资源国投资环境风险评价

大区	国家	政治风险	经济风险	商业风险	法律风险	国家整体风险	政治风险	经济风险	商业风险	法律风险
非洲	苏丹	1.75	1.83	2.00	2.00	8	14.00	14.67	16.00	16.00
	南苏丹	2.25	2.33	2.25	2.33	8	18.00	18.67	18.00	18.67
	尼日尔	2.00	2.00	2.00	2.00	8	16.00	16.00	16.00	16.00
	乍得	1.75	2.17	2.00	2.00	8	14.00	17.33	16.00	16.00
	客麦隆	2.00	1.83	2.00	2.00	7	14.00	12.83	14.00	14.00
	莫桑比克	1.50	1.83	2.00	1.67	7	10.50	12.83	14.00	11.67
	突尼斯	2.25	2.00	1.75	1.67	6	13.50	12.00	10.50	10.00
	利比亚	2.50	2.67	2.50	2.33	9	22.50	24.00	22.50	21.00
	埃塞俄比亚	2.00	2.00	1.75	2.00	7	14.00	14.00	12.25	14.00
中亚和俄罗斯	哈萨克斯坦	1.50	1.83	1.75	2.00	5	7.50	9.17	8.75	10.00
	塔吉克斯坦	2.00	2.00	2.00	2.00	7	14.00	14.00	14.00	14.00
	土库曼斯坦	2.00	2.00	1.25	2.00	5	10.00	10.00	6.25	10.00
	吉尔吉斯斯坦	2.25	2.00	2.00	2.00	8	18.00	16.00	16.00	16.00
	乌兹别克斯坦	2.00	2.00	1.75	2.00	6	12.00	12.00	10.50	12.00
	俄罗斯	2.00	2.33	2.00	2.00	5	10.00	11.67	10.00	10.00
	阿塞拜疆	2.50	1.83	1.75	2.00	5	12.50	9.17	8.75	10.00
西亚	阿曼	2.75	3.00	1.75	2.00	4	11.00	12.00	7.00	8.00
中东	阿联酋	1.25	2.00	1.50	2.00	3	3.75	6.00	4.50	6.00
	伊朗	2.00	2.00	1.75	2.00	7	14.00	14.00	12.25	14.00

大区	国家	政治风险	经济风险	商业风险	法律风险	国家整体风险	政治风险	经济风险	商业风险	法律风险
	伊拉克	2.00	2.00	2.25	2.00	7	14.00	14.00	15.75	14.00
	沙特	1.75	2.00	1.50	1.67	4	7.00	8.00	6.00	6.67
	卡特尔	2.00	1.67	1.50	1.67	3	6.00	5.00	4.50	5.00
	科威特	2.25	2.00	2.00	2.00	4	9.00	8.00	8.00	8.00
亚太	印度尼西亚	2.00	2.00	2.00	2.00	5	10.00	10.00	10.00	10.00
	缅甸	2.00	2.00	2.00	2.00	7	14.00	14.00	14.00	14.00
	澳大利亚	2.00	1.83	1.75	2.00	2	4.00	3.67	3.50	4.00
	马来西亚	1.75	1.83	1.50	1.33	4	7.00	7.33	6.00	5.33
南美	秘鲁	2.25	2.00	2.00	2.00	4	9.00	8.00	8.00	8.00
	厄瓜多尔	1.50	1.83	2.00	2.00	8	12.00	14.67	16.00	16.00
北美	加拿大	2.00	1.83	1.75	2.00	2	4.00	3.67	3.50	4.00

表 6.9　海外油气勘探项目风险指标汇总

项目	油价LPM1	汇率风险	合同风险	政治风险	经济风险	商业环境风险	法律风险	储量风险	产量风险
A	11274725.12	0.76	0.503	14.00	14.67	16.00	16.00	195104.32	643723.70
B	1818022.46	0.76	0.774	14.00	14.67	16.00	16.00	22378.38	65469.24
C	3086764.88	0.76	0.771	18.00	18.67	18.00	18.67	1336955.20	1332346.61
D	2221785.18	0.76	0.798	18.00	18.67	18.00	18.67	25193.38	79631.47
E	2910712.42	0.10	0.627	16.00	16.00	16.00	16.00	40102.75	145424.27
F	371818.63	0.10	0.324	16.00	16.00	16.00	16.00	2919.41	10582.99
G	54727045.06	0.10	0.467	14.00	17.33	16.00	16.00	1526425.53	4121533.28
H	87690412.35	0.38	0.550	7.50	9.17	8.75	10.00	76946411.33	76968419.72
I	1172276.74	0.38	0.475	7.50	9.17	8.75	10.00	14251.77	57237.75
J	2873642.35	0.38	0.661	7.50	9.17	8.75	10.00	23937.64	78557.16
K	90601.91	0.38	0.532	7.50	9.17	8.75	10.00	886.64	2471.55
L	110710.37	0.34	0.591	12.00	14.67	16.00	16.00	120749.14	408075.80
M	66688.21	0.34	0.509	12.00	14.67	16.00	16.00	37100.03	156367.62
N	178632.23	0.34	0.507	12.00	14.67	16.00	16.00	165746.57	546962.07

项目	油价LPM1	汇率风险	合同风险	政治风险	经济风险	商业环境风险	法律风险	储量风险	产量风险
O	192803.59	0.00	0.709	3.75	6.00	4.50	6.00	75325.52	76029.66
P	1272070.01	0.38	0.631	7.50	9.17	8.75	10.00	3881878.84	12579955.97
Q	39609635.98	0.30	0.658	14.00	14.00	14.00	14.00	40492176.46	40207404.29
R	158154.22	0.08	0.328	9.00	8.00	8.00	8.00	1615.87	4420.96
S	2941834.98	0.08	0.581	9.00	8.00	8.00	8.00	5746393.28	5751517.41
T	7240374.36	0.08	0.231	9.00	8.00	8.00	8.00	15887752.63	15599807.66
U	3254.72	0.17	0.877	10.00	10.00	10.00	10.00	18498.10	48267.02
V	314450.31	0.17	0.596	10.00	10.00	10.00	10.00	274048.56	280186.09
W	259035.67	0.76	0.710	14.00	14.00	14.00	14.00	226803.02	221736.00
X	910789.11	0.76	0.771	14.00	14.00	14.00	14.00	822973.74	739139.89

6.2　海外油气勘探项目优先级评价实例

6.2.1　海外油气勘探项目分类实例

　　由于评价指标在量纲和数量级上存在较大差异，在计算过程中直接加权无实际意义。为消除各指标量纲不同和量级差异的影响，需要对原始指标进行无量纲处理，由于聚类过程对指标类型不敏感，因此需要将所有指标类型转换为正向指标。由于只有正向指标和负向指标，因此只需转换负向指标，采用减法一致化将其进行正向化处理，最终得到的标准化矩阵见表6.10。

　　对评价指标进行标准化处理后，可根据双层粒子群优化的WCoFCM聚类模型，对海外油气勘探项目进行聚类分析。根据勘探项目分类需要，将聚类数设定为4。优化后得到资源、效益和风险各视角的权重分别为0.313、0.640和0.047。分别计算各类勘探项目的综合得分，对勘探项目进行分类，结果见表6.11。

表 6.10 海外油气勘探项目评价指标标准化处理结果

项目	d_1	d_2	d_3	d_4	d_5	d_6	d_7	d_8	d_9	d_{10}	d_{11}	d_{12}	d_{13}	d_{14}	d_{15}	d_{16}	d_{17}	d_{18}	d_{19}	d_{20}
A	0.419	0.923	0.999	0.952	0.819	0.280	0.054	0.450	0.750	0.468	0.731	0.871	0.000	0.579	0.281	0.316	0.148	0.211	0.997	0.992
B	0.292	0.580	0.870	0.384	0.653	0.219	0.045	0.450	0.833	0.563	0.769	0.979	0.000	0.159	0.281	0.316	0.148	0.211	1.000	0.999
C	0.224	0.000	0.000	0.026	0.126	0.213	0.037	0.425	0.833	0.563	0.668	0.965	0.000	0.164	0.000	0.000	0.000	0.000	0.983	0.983
D	0.292	0.618	0.868	0.318	0.626	0.371	0.024	0.550	0.833	0.563	0.681	0.975	0.000	0.121	0.000	0.000	0.000	0.000	1.000	0.999
E	0.301	0.445	0.858	0.438	0.777	0.156	0.278	0.300	0.442	0.763	0.598	0.967	0.870	0.386	0.140	0.211	0.148	0.211	0.999	0.998
F	0.299	0.310	0.780	0.225	0.439	0.083	0.148	0.050	0.442	0.763	0.472	0.996	0.870	0.856	0.140	0.211	0.148	0.211	1.000	1.000
G	0.638	0.843	0.893	0.738	0.839	1.000	0.049	0.125	0.442	0.567	0.706	0.376	0.871	0.635	0.281	0.105	0.148	0.211	0.980	0.946
H	0.000	0.000	0.000	0.082	0.000	0.832	1.000	0.000	0.208	0.000	0.807	0.000	0.503	0.506	0.737	0.750	0.685	0.684	0.000	0.000
I	0.290	0.861	0.976	0.603	1.000	0.121	0.159	0.025	1.000	0.609	0.769	0.987	0.503	0.622	0.737	0.750	0.685	0.684	1.000	0.999
J	0.308	0.982	1.000	0.717	0.834	0.180	0.367	0.375	1.000	0.609	0.681	0.967	0.503	0.334	0.737	0.750	0.685	0.684	1.000	0.999
K	0.265	0.641	0.915	0.760	0.728	0.020	0.079	0.250	1.000	0.609	0.681	0.999	0.503	0.534	0.737	0.750	0.685	0.684	1.000	1.000
L	0.366	0.489	0.834	0.755	0.715	0.152	0.118	0.500	0.633	0.642	0.656	0.999	0.552	0.443	0.421	0.316	0.148	0.211	0.998	0.995
M	0.303	0.388	0.796	0.514	0.609	0.071	0.054	0.250	0.633	0.642	0.530	0.999	0.552	0.569	0.421	0.316	0.148	0.211	1.000	0.998
N	0.479	0.502	0.771	0.817	0.826	0.259	0.304	0.250	0.633	0.642	0.580	0.998	0.552	0.573	0.421	0.316	0.148	0.211	0.998	0.993
O	0.248	0.170	0.689	0.157	0.300	0.163	0.072	0.125	0.000	0.642	0.479	0.998	1.000	0.259	1.000	1.000	1.000	1.000	0.999	0.999
P	1.000	1.000	0.966	1.000	0.571	0.072	0.015	0.725	0.250	0.750	0.943	0.986	0.503	0.380	0.737	0.750	0.685	0.684	0.950	0.837
Q	0.078	0.004	0.000	0.137	0.251	0.071	0.004	0.250	0.250	0.327	0.000	0.548	0.608	0.339	0.281	0.368	0.296	0.368	0.474	0.478
R	0.263	0.383	0.860	0.339	0.592	0.021	0.175	0.750	0.983	1.000	0.227	0.998	0.889	0.849	0.632	0.842	0.741	0.842	1.000	1.000
S	0.200	0.219	0.683	0.061	0.347	0.031	0.038	0.750	0.983	1.000	1.000	0.966	0.889	0.458	0.632	0.842	0.741	0.842	0.925	0.925
T	0.163	0.245	0.719	0.023	0.366	0.039	0.040	0.750	0.983	1.000	1.000	0.917	0.889	1.000	0.632	0.842	0.741	0.842	0.794	0.797
U	0.295	0.530	0.859	0.315	0.599	0.006	0.042	1.000	1.000	0.609	0.652	1.000	0.780	0.000	0.561	0.684	0.593	0.684	1.000	0.999
V	0.244	0.256	0.816	0.097	0.348	0.001	0.013	1.000	1.000	0.609	0.609	0.996	0.780	0.434	0.561	0.684	0.593	0.684	0.996	0.996
W	0.246	0.167	0.653	0.000	0.026	0.000	0.000	0.250	1.000	0.849	0.705	0.997	0.000	0.258	0.281	0.368	0.296	0.368	0.997	0.997
X	0.233	0.287	0.707	0.161	0.365	0.022	0.013	0.250	1.000	0.849	0.836	0.990	0.000	0.163	0.281	0.368	0.296	0.368	0.989	0.990

表 6.11　海外油气勘探项目分类结果

勘探资产类型	具体勘探项目	综合得分
第一类勘探资产	A、B、D、E、G、I、J、K、N、O、P、L、Q、T	0.4367
第二类勘探资产	F、X、R、S、U、W	0.3180
第三类勘探资产	C、M、V	0.1847
第四类勘探资产	H	0.1752

从分类结果来看，属于第一类的项目包括A、B、D、E、G、I、J、K、N、O、P、L、Q、T共14项。此类勘探项目都具有较高的经济效益，资源规模较大且风险较小。属于第二类的项目包括F、X、R、S、U、W共6项，此类勘探项目的经济效益相对较差，风险较低。第三类项目包括C、M、V共3项，此类勘探项目的经济效益较差，风险较高。第四类项目只有H，经济效益差，风险高。

6.2.2　海外油气勘探项目排序实例

基于分类敏感性系数的海外油气勘探项目综合评价方法，计算各项指标的分类敏感性系数并归一化得到各项指标的权重，各项指标的分类敏感性系数计算结果如下：

$$\delta = \begin{bmatrix} 0.068, 0.111, 0.120, 0.238, 0.103, 0.084, 0.053, 0.040, 0.081, 0.048, \\ 0.090, 0.017, 0.014, 0.005, 0.012, 0.014, 0.016, 0.015, 0.018, 0.018 \end{bmatrix}$$

计算各项敏感性系数占比作为各项指标的权重，计算可得

$$w = \begin{bmatrix} 0.059, 0.095, 0.103, 0.204, 0.089, 0.072, 0.046, 0.034, 0.069, 0.041, \\ 0.077, 0.015, 0.012, 0.005, 0.010, 0.012, 0.014, 0.013, 0.016, 0.015 \end{bmatrix}$$

根据各项指标及其权重对海外油气勘探项目进行综合评价和排序，结果见表6.12。

表 6.12　海外油气勘探项目综合评价结果

项目	效益评分	资源评分	风险评分	综合评分	综合排序
L	0.508	0.151	0.085	0.745	1
J	0.435	0.189	0.088	0.712	2
A	0.482	0.165	0.058	0.706	3
G	0.435	0.187	0.058	0.680	4
I	0.411	0.170	0.090	0.671	5
K	0.391	0.160	0.090	0.640	6
P	0.396	0.156	0.068	0.619	7

续　表

项目	效益评分	资源评分	风险评分	综合评分	综合排序
N	0.372	0.154	0.068	0.593	8
T	0.274	0.181	0.086	0.541	9
B	0.298	0.173	0.058	0.529	10
Q	0.262	0.161	0.099	0.522	11
E	0.307	0.142	0.067	0.516	12
D	0.286	0.180	0.046	0.512	13
O	0.296	0.127	0.068	0.491	14
R	0.146	0.215	0.094	0.455	15
S	0.144	0.216	0.092	0.452	16
U	0.174	0.176	0.088	0.437	17
W	0.179	0.179	0.063	0.421	18
F	0.212	0.113	0.069	0.394	19
X	0.160	0.083	0.108	0.351	20
V	0.100	0.167	0.063	0.330	21
H	0.017	0.188	0.043	0.248	22
C	0.030	0.164	0.046	0.239	23
M	0.055	0.044	0.048	0.148	24

从综合评价结果来看，综合得分最高的是 L 项目，经济效益最好，资源规模高，风险低，应优先投资。综合评分最低的是 M 项目，资源规模虽然较大，但是经济效益较差，风险高，应减少或放弃投资。根据海外油气勘探项目综合评分结果进行排序，数值越小代表优先级越高。

6.2.3　海外油气勘探项目投资优先级实例

根据海外油气勘探项目分类和排序结果，基于投资优先级规则确定海外油气勘探项目投资优先级，结果如表 6.13 所示。

表 6.13　海外油气勘探项目投资优先级

项目	综合评分	综合排序	资产类型	投资优先级
L	0.745	1	A	1
J	0.712	2	A	2
A	0.706	3	A	3

项目	综合评分	综合排序	资产类型	投资优先级
G	0.68	4	A	4
I	0.671	5	A	5
K	0.64	6	A	6
P	0.619	7	A	7
N	0.593	8	A	8
T	0.541	9	A	9
B	0.529	10	A	10
Q	0.522	11	A	11
E	0.516	12	A	12
D	0.512	13	A	13
O	0.491	14	A	14
R	0.455	15	B	15
S	0.452	16	B	16
U	0.437	17	B	17
W	0.421	18	B	18
F	0.394	19	B	19
X	0.351	20	B	20
V	0.33	21	C	21
C	0.239	23	C	22
M	0.148	24	C	23
H	0.248	22	D	24

　　表中A、B、C、D分别代表第一类、第二类、第三类和第四类勘探资产。海外油气勘探项目投资优先级顺序与综合排序顺序基本一致，只有H项目不同。H项目的综合排序顺序为22，但是由于H属于D类勘探资产，优先级低于C类资产，因此优先级要位于C类资产之后。

6.3　海外油气勘探项目投资组合多目标优化实例

结合上文对海外油气勘探项目的评价、分类和排序，进一步对海外油气勘探项目组合优化进行实例分析。本书采用改进的 AMVO 算法进行多目标优化求解，AMVO 各项参数设置见表 6.14，约束条件设置为总投资不超过 70 亿美元。

根据 AMVO 算法求得海外油气勘探项目多目标优化的帕累托解集如图 6.4 所示。收益与风险表现出正相关性，组合收益越大，风险价值越小，风险越大。实例分析共得到 200 组帕累托解，根据海外油气勘探项目投资优先级对勘探项目投资组合进行排序优选，最终确定最优的海外油气勘探项目投资组合见表 6.15。最优投资组合总投资为 62.9 亿美元，组合 NPV 为 5.49 亿美元，组合风险系数为 1.64。从投资组合优化结果来看，应减少 H、I、M 和 X 项目的投资比例。

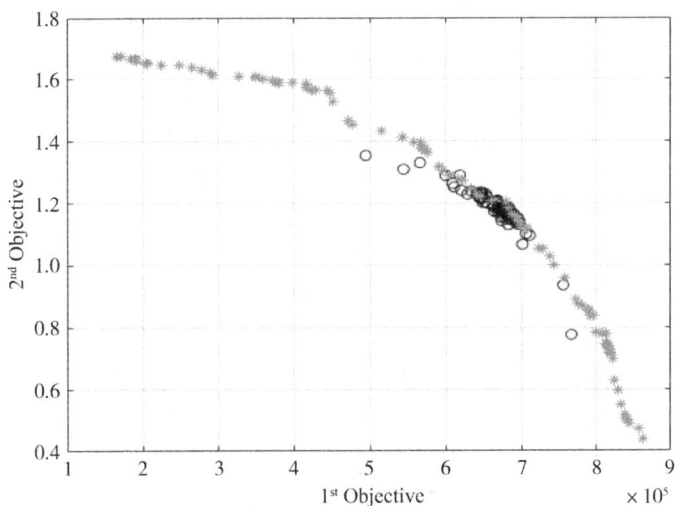

图 6.4　海外油气勘探项目多目标优化帕累托解

表 6.14　AMVO 算法各项参数设置

算法	参数名称	参数值
AMVO	最小宇宙存在概率	0.2
	最大宇宙存在概率	1
	宇宙个数	20
	迭代次数	100
	p	6

表 6.15　海外油气勘探项目最优投资组合和投资比例

项目名称	项目优先级	项目总投资（万美元）	项目最优投资（万美元）	项目NPV（万美元）
A	3	17335.750	17335.750	5871.582
B	10	12588.713	12588.713	1150.139
C	22	15450.429	15450.429	−1153.041
D	13	32460.050	32460.050	1805.576
E	12	16495.249	16495.249	2050.300
F	19	7390.998	7390.998	92.495
G	4	57811.416	57811.416	14569.550
H	24	189799.034	46261.574	−2124.990
I	5	7130.523	6927.624	1309.867
J	2	8143.297	8143.297	2156.219
K	6	1165.505	1165.505	334.188
L	1	12587.146	12587.146	3575.550
M	23	8192.040	8192.040	1437.525
N	8	26577.163	26577.163	7333.399
O	14	16284.305	16255.499	−274.675
P	7	66915.813	66915.813	25750.510
Q	14	262703.985	93779.886	−2261.536
R	9	2737.537	2737.537	214.830
S	11	34671.054	34671.054	−2399.044
T	9	44457.928	44457.928	−3939.779
U	17	21174.465	21174.465	1271.363
V	21	9460.452	9460.452	−524.238
W	18	6310.835	6310.835	−469.928
X	20	64188.787	64188.787	−852.107
总计		942032.473	629339.210	54923.755

6.4　本章小结

本书以某石油公司在执行海外油气勘探项目为例，对24个勘探项目进行多维度评价、分类、排序和优化。实例分析结果表明，构建的海外油气勘探项目多维度评价、分类、排序和优化模型具有较高的可操作性，可以满足海外油气勘探项目投资决策的需求。

第 7 章

结　论

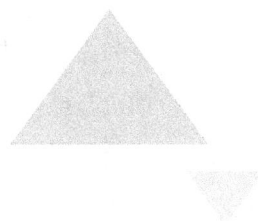

7.1　全书总结

科学合理的海外油气勘探项目评价和优化是中国石油公司海外上游业务取得成功的关键。本书以石油地质和勘探开发工程技术理论与方法为基础，采用技术和经济、定量和定性相结合的方法，针对海外油气勘探资产的特点建立了海外油气勘探项目多维度评价指标体系，在此基础上对海外油气勘探项目进行了分类和排序，确定了海外油气勘探项目的投资优先级，构建了海外油气勘探项目组合的多目标优化模型，主要研究成果如下。

（1）针对海外油气勘探项目的特点及资产评估的要求，将海外油气勘探项目划分为滚动区块、风险区块和混合区块，其中混合区块包括风险探区和滚动探区，系统分析了不同类型勘探项目之间的异同。

（2）从勘探项目的资源、效益、风险三个维度出发，提出了海外油气勘探项目多维度评价指标体系。在构建评价指标体系的过程中，充分考虑了不同类型勘探项目的特点，并体现在了评价指标的选取和计算过程中。资源属性评价指标包括资源量、资源丰度、资源动用率、单位地震工作量成本和单位储量发现成本，综合反映了勘探项目的资源潜力和获取成本。效益属性指标的选择跟勘探项目类型有关，需要进行差异化的评价和指标选取。滚动区块地质风险较低，各项参数可参考已开发生产区资料，因此采用折现现金流法进行评价。风险区块地质风险较大，需要根据勘探结果进行开发决策，存在多种情景，因此采用决策树法进行评价。为了对两种评价方法进行比较，在决策树法的基础上，提出了概率现金流概念，使得两种评价方法及其指标具有可比性，便于不同类型勘探项目的比较和优选。

（3）研究了油价的波动规律，构建了油价的非对称均值回复跳跃扩散模型。从公司和项目层面分析了油价波动与投资和操作成本之间的相关性。从公司层面看，油价与投资和操作成本正相关，说明公司投资战略与油价变化密切相关。从勘探项目层面，油价与操作成本密切相关，与投资的相关性并不明显。这主要是由于在不同油价下，公司对不同勘探项目采取的投资策略存在差异。综合考虑油价和操作成本之间的相关性，构建了油价—操作成本相关的海外油气勘探项目经济评价模型，以反映油价波动对海外油气勘探项目评价结果的影响。

（4）根据海外油气勘探项目多维度评价指标体系特点，在多视角加权模糊聚类算法的基础上，采用嵌套的粒子群优化算法对聚类中心和各视角权重进行优化，使得勘探项目聚类结果更加准确。根据聚类结果对海外油气勘探项目进行分类，对不同类型的资产应采取不同的投资策略，基于投资策略确定各类勘探资产的投资优先顺序。

（5）研究了海外油气勘探项目综合排序方法。为了保障勘探项目分类和排序结果基于相同偏好，在勘探项目分类结果的基础上，基于有无对比思想，计算各项评价指标的分类敏感性系数，归一化后得到评价指标权重，对海外油气勘探项目进行综合评价和排序，根据分类和排序结果确定勘探项目投资优先级。

（6）建立了海外油气勘探项目多目标优化模型。分析了海外油气勘探项目组合优化模型构建的前提假设，明确了海外油气勘探项目组合优化的目标函数，设定了资金、生产约束条件。为了对多目标优化问题进行求解，对传统的多元宇宙优化算法进行改进，提出自适应的MVO算法，提升了算法性能，以满足海外油气勘探项目多、计算复杂，需要快速、准确求解的要求。基于勘探项目投资优先级，对帕累托解集进行排序，选择满足投资者偏好的最优勘探项目组合和投资比例。本书提出的海外油气勘探项目多目标优化模型充分考虑了海外油气勘探项目的特点，满足了海外油气勘探项目投资决策的需要。

（7）基于建立的海外油气勘探项目评价和优化方法，以中国某石油公司在执行勘探项目为例进行了实例分析。实证结果表明，本书建立的海外油气勘探项目评价和组合多目标优化方法可操作性强，具有较高的理论和实践价值。

7.2 研究展望

本书较为深入地研究了海外油气勘探资产评估与优化的一系列关键问题，并在海外油气勘探项目多维度评价、勘探项目分类和排序、组合优化等方面取得了具有一定理论和实践意义的研究成果。尽管本次研究尝试全面地分析和解决海外油气勘探项目评价与优化方面的重要问题，也取得了很多研究成果。但是鉴于海外油气勘探开发规律及国际油气合作的复杂性，本书的研究成果仍存在一定的局限性，还有进一步深入研究的空间，主要包括以下两方面。

（1）海外油气勘探项目评价指标体系的深入研究

本书构建的海外油气勘探项目评价指标体系综合考虑了资源、效益、风险三个维度的指标，反映了海外油气勘探资产的主要特点。随着国际社会对绿色环保政策的日益重视，海外油气勘探项目面临的环保要求也越来越高，在未来的研究中可以围绕海外油气勘探项目的环境影响、政策制约等方面设计相应的评价指标，丰富海外油气勘探项目多维度评价指标体系。

（2）海外油气勘探项目组合优化的深入研究

本书对海外油气勘探项目的组合优化基于严格的假设条件，是一种较为理想的情景。在未来的研究中，需要根据生产实际，进一步放宽假设条件，尝试研究可延期开发情况下、开发方案可调整情况下的海外油气勘探项目组合多目标优化问题，实现海外油气勘探项目组合的动态优化。

参考文献

[1] 王青, 王建君, 汪平, 等. 海外油气勘探新项目拓展问题探讨 [J]. 中国石油勘探, 2012, 17(4):47-52.

[2] 冯磊, 张雪慧. 油价波动的影响因素及应对策略分析 [J]. 中国财政, 2013(19): 69-70.

[3] 蒲志仲. 国际油价波动长周期现象探讨 [J]. 国际石油经济, 2006(6): 21-25, 75.

[4] 黄旭楠, 包世界, 傅振华, 等. 油气勘探经济评价方法探讨 [J]. 石油勘探与开发, 2000, 27(3):9-13.

[5] 刘斌. 油气勘探项目经济评价方法研究 [J]. 中国石油勘探, 2002(3): 73-76, 9-10.

[6] 马宏伟. 海外油气勘探项目经济评价方法差异分析 [J]. 当代石油石化, 2008(3): 30-33.

[7] YUHUA Z, DONGKUN L. Investment optimization in oil and gas plays [J]. Petroleum Exploration and Development, 2009, 36(4): 535-540.

[8] 柳兴邦. 油气勘探经济评价指标和评价方法初探 [J]. 油气地质与采收率, 2002 (4):89-91.

[9] 李友俊, 吴涛, 丁海英. 石油企业海外油气开发项目的经济评价 [J]. 大庆石油学院学报, 2005(4): 101-103, 145.

[10] 梁海云, 丁建可. 海外风险勘探项目经济评价[J]. 当代石油石化, 2006, 14(8):26-29.

[11] BP Statistical Review of World Energy 2016[EB/OL].http://www.bp.com/en/global/corporate/energy-economics/statistical-review-of-world-energy/downloads.html.

[12] 张亚朋, 马芬芬. 探析折现现金流法下利用经营现金流量净额评估企业的价值 [J]. 经济研究导刊, 2016(12):79-80.

[13] 吴江华. 不确定条件下实物期权投资 [D]. 北京: 北京邮电大学, 2008.

[14] 孟新. 海外非常规石油开发项目投资决策方法研究 [D]. 北京: 中国石油大学 (北京), 2015.

[15] 马宏伟. 储量交易法在储量价值评估中的应用探讨 [J]. 国际石油经济, 2008, 16 (7):49-51.

[16] 张超, 杨建明. 铀矿开采项目经济评价方法研究 [J]. 矿冶, 2005, 14(1):20-23.

[17] 魏平. 决策树法在油田勘探开发项目决策中的应用 [J]. 中国石油和化工标准与质量, 2013(11):144.

[18] 赵世彩. 油气勘探项目经济评价研究[D]. 北京：中国石油大学, 2009.

[19] Hanafizadeh P, Latif V. Robust net present value[J]. Mathematical & Computer Modelling, 2011, 54（1-2）:233-242.

[20] Jovanović P. Application of sensitivity analysis in investment project evaluation under uncertainty and risk[J]. International Journal of Project Management, 1999, 17（4）:217-222.

[21] Bertsimas D, Pachamanova D, Sim M. Robust linear optimization under general norms[J]. Operations Research Letters, 2004, 32（6）:510-516.

[22] Jørnsten K O. Sequencing offshore oil and gas fields under uncertainty[J]. European Journal of Operational Research, 1992, 58（2）: 191-201.

[23] Coates E R, Kuhl M E. Using simulation software to solve engineering economy problems[J]. Computers & Industrial Engineering, 2003, 45（2）:285-294.

[24] 赵怡博, 张明泉. 基于蒙特卡洛模拟的油气勘探开发项目风险分析[J]. 管理观察, 2010（8）.

[25] 张宝生, 王庆, 王英君. 海外油气项目风险—效益联动分析模型与应用[J]. 系统工程理论与实践, 2012, 32（2）:246-256.

[26] Marques J B D, Trevisan O V, Marques L M, et al. Stochastic Processes and Copula Model Applied in the Economic Evaluation for Brazilian Oil Fields Projects[C]// SPE Hydrocarbon Economics and Evaluation Symposium. 2014.

[27] LI D, Chang P, YANG X, et al. Two Dimensional Monte-Carlo Simulation Method of Risk Assessment for Strategic Asset Investment Decision Making[C]//SPE Annual Technical Conference and Exhibition. Society of Petroleum Engineers, 2015.

[28] 李世群, 张宝生, 唐旭. 基于蒙特卡罗模拟的海外油气项目评价研究[J]. 天然气与石油, 2016, 34（1）:102-106.

[29] Dixit A K, Pindyck R S. Investment under Uncertainty[M]. Real options and investment under uncertainty. MIT Press, 2001:659-81.

[30] Reyck B D, Degraeve Z, Vandenborre R. Project options valuation with net present value and decision tree analysis[J]. European Journal of Operational Research, 2008, 184（1）:341-355.

[31] 蔡举. 基于实物期权法的油气勘探开发项目经济评价应用研究[D].西安：西安石油大学, 2014.

[32] 念凤强. 基于实物期权的油气勘探开发项目经济评价方法研究[D]. 西安：西安石油大学, 2016.

[33] 干卫星, 董翠. 海外油气勘探项目风险价值评估模型[J]. 国际石油经济, 2014, 22(z1):175-177.

[34] 向文武. 基于决策树与蒙特卡罗模拟集成模型的石油勘探投资决策分析[J]. 当代石油石化, 2017, 25(1):44-49.

[35] 罗凤章, 肖峻, 王成山, 等. 计及电价波动的电网建设项目经济评估区间法[J]. 电网技术, 2005, 29(8):20-24.

[36] 何丽薇. 基于区间的电力建设项目经济评估方法研究[D]. 天津：天津大学, 2007.

[37] 王庆. 基于区间数的国际油气项目综合决策模型研究[D]. 北京：中国石油大学（北京）, 2012.

[38] Huang Y Z, Zhang B S, Wei X Q, et al. Model of interval multi-attribute optimization for overseas oil–gas projects[J]. Petroleum Science, 2015, 12(2): 345-354.

[39] Harden J. Discount Rate Development in Oil and Gas Valuation[M]. 2014.

[40] Miller R A. The weighted average cost of capital is not quite right[J]. The Quarterly Review of Economics and Finance, 2009, 49(1): 128-138.

[41] Bade B. Comment on "The weighted average cost of capital is not quite right"[J]. The Quarterly Review of Economics and Finance, 2009, 49(4): 1476-1480.

[42] Pierru A. "The weighted average cost of capital is not quite right": A rejoinder[J]. Quarterly Review of Economics & Finance, 2009, 49(3):1219-1223.

[43] Lobe S. Caveat WACC: Pitfalls in the use of the weighted average cost of capital[J]. Corporate Ownership and Control, 2009, 6(3): 45-52.

[44] Keef S P, Khaled M S, Roush M L. A note resolving the debate on "The weighted average cost of capital is not quite right"[J]. The Quarterly Review of Economics and Finance, 2012, 52(4): 438-442.

[45] 陈会民. 油价参数在油田开发项目评价中的作用[J]. 国际石油经济, 2007, 15(6):52-54.

[46] Merton R C. Option pricing when underlying stock returns are discontinuous[J]. Journal of Financial Economics, 1976, 3(1):125-144.

[47] Bernabe A, Martina E, Alvarez-Ramirez J, et al. A multi-model approach for describing crude oil price dynamics[J]. Physica A Statistical Mechanics & Its

Applications, 2004, 338（3）:567-584.

[48] Hossein Askari, Noureddine Krichene. Oil price dynamics（2002—2006）[J]. Energy Economics, 2008, 30（5）:2134-2153.

[49] Gronwald M. A characterization of oil price behavior — Evidence from jump models[J]. Energy Economics, 2012, 34（5）:1310-1317.

[50] 张金锁, 金浩, 邹绍辉. 基于跳跃扩散模型的石油价格长期趋势分析[J]. 系统工程理论与实践, 2015, 35（1）:67-74.

[51] 雷丁轲, 周远祺. 价格服从跳跃扩散的海外油田开发项目实物期权评价法[J]. 财会月刊, 2011（24）:55-57.

[52] Oliver E D, Moll A J. Preliminary feasibility studies in times of rapid cost escalation. [Oil shale and tar sand industries][J]. Am. Chem. Soc. Div. Fuel Chem. Prepr.;（United States）, 1976, 21:6.

[53] Kuuskraa V A, Morra F, Godec M L. Importance of Cost/Price Relationships for Least-Cost Oil and Gas Reserves[J]. 1987.

[54] Nystad A N. Economic Analysis of the North Sea Oil and Gas Region[J]. Journal of Petroleum Technology, 1981, 33（12）:2515-2527.

[55] Bradley M E, Wood A R O. Forecasting Oilfield Economic Performance[J]. Journal of Petroleum Technology（United States）, 1994, 46（11）:965-971.

[56] 杨博文, 侯秀晶. 国际油价波动下的石油企业勘探开发投资分析[J]. 中外能源, 2010, 15（4）:18-24.

[57] 黄伟和, 罗东坤. 国际大石油公司投资与石油价格相关规律研究[J]. 西安电子科技大学学报（社会科学版）, 2010, 20（1）:28-33.

[58] Toews G, Naumov A. The Relationship Between Oil Price and Costs in the Oil and Gas Industry[J]. Energy Journal, 2015.

[59] Schiozer R F, Lima G A C, Suslick S B. The Pitfalls of Capital Budgeting When Costs Correlate to Oil Price[J]. Journal of Canadian Petroleum Technology, 2008, 47（8）:57-61.

[60] Willigers B. Enhanced Economic Modeling by Correlated Stochastic Models of E&P Costs and Hydrocarbon Prices: The Limitations of Fixed Price Decks and the Versatility of Least-Squares Monte Carlo Simulation[C], 2009.

[61] Hastenreiter L, Hamacher S, Montechiari J. The Relationship Between Operational Costs and Oil Prices: A Contribution for Probabilistic Economic Assessment[M].

2014.

[62] 王晓宇, 罗东坤, 郭瑞. 油价——操作成本相关性对油气项目评价的影响 [J]. 技术经济, 2016, 35(2):88-93.

[63] 赵永博, 罗东坤, 臧丽娜. 原油价格对勘探开发投资及操作成本的传导机制分析 [J]. 中外能源, 2016(1):32-38.

[64] 伍军红, 汤丽云, 肖宏. 大数据支撑下的创新同行评议 [J]. 甘肃社会科学, 2015(4):31-33.

[65] 苏晓蕾. 基于德尔菲法与层次分析法的地方口碑影响因素分析 [J]. 经贸实践, 2015(13):212-213.

[66] 李鑫, 李京春, 郑雪峰, 等. 一种基于层次分析法的信息系统漏洞量化评估方法 [J]. 计算机科学, 2012, 39(7):58-63.

[67] 王琰. 农业工程中心的科技示范效益研究 [D]. 保定: 河北农业大学, 2013.

[68] 王悦. 人工神经网络企业知识管理综合评价模型研究 [J]. 图书情报工作, 2011, 55(18):46-49.

[69] 徐春红. 基于灰色关联度分析的旅游上市公司业绩评价 [J]. 财会通讯, 2013(11):32-34.

[70] 田鑫, 蒋艳, 隋杨. 基于熵理论的评价指标权重应用与研究 [J]. 中国集体经济, 2013(6):96-97.

[71] 刘迎洲, 位刚, 李建明. 生产可能集为凸包时的相对有效性评价模型 [J]. 运筹与管理, 2012, 21(1):201-204.

[72] 罗东坤. 石油勘探开发投资经济评价指标分析 [J]. 国际石油经济, 2002, 10(12):40-42.

[73] 殷爱贞, 赵世彩. 基于主成分分析法的油气勘探项目效益研究 [J]. 价值工程, 2010, 29(2):20-21.

[74] 殷爱贞, 赵世彩. 油气勘探效益评价指标体系研究 [C]. 中国石油学会青年学术年会. 2009.

[75] 王光升, 荆克尧, 罗萍, 缪莉. 不同阶段勘探项目经济评价指标体系若干问题探讨 [J]. 当代石油石化, 2008, 16(7):22-24.

[76] 李玉蓉, 陈光海, 胡兴中. 国际石油勘探开发项目经济评价指标体系与综合评价 [J]. 油气藏评价与开发, 2004, 27(5):383-387.

[77] 李颂, 李俊廷. 海外油气勘探项目综合评价方法 [J]. 天然气地球科学, 2012, 23

（4）:205-210.

[78] 路洪涛. 海外石油勘探开发项目效益评价指标体系研究[D]. 青岛：中国石油大学（华东），2006.

[79] 计智锋, 李富恒, 潘校华, 等. 海外在执行勘探项目风险-价值综合评价方法[J]. 石油与天然气地质, 2016, 37（6）:990-996.

[80] Guo R, Luo D, Zhao X, et al. Integrated Evaluation Method-Based Technical and Economic Factors for International Oil Exploration Projects[J]. Sustainability, 2016, 8（2）:188.

[81] 杨伍梅, 刘权. 基于MATLAB的多目标规划最优投资组合方法的探讨[J]. 长沙大学学报, 2014（5）:9-11.

[82] 曹娟. 投资组合多目标规划最优化算法研究[D]. 西安：西安石油大学, 2012.

[83] 段富臣. 基于多目标进化算法的任务驱动模式挖掘研究[D]. 合肥：安徽大学, 2017.

[84] 高鹏. 多目标优化算法综述[J]. 华北电力大学第五届研究生学术交流年会, 2011.

[85] 张淑艳. 基于约束优化方法的多目标优化算法[D]. 大连：大连理工大学, 2010.

[86] 周克良, 黄金霖, 姜玉兰. 基于分层序列法的多目标物位平衡控制决策的PLC实现[J]. 计算机测量与控制, 2013, 21（1）:122-124.

[87] 郑成忠. 多目标半定规划的一类评价函数法[D]. 西安：西安电子科技大学, 2010.

[88] Srinivas N, Deb K. Muiltiobjective Optimization Using Nondominated Sorting in Genetic Algorithms[M]. MIT Press, 1994.

[89] Goldberg D E. Genetic Algorithm in Search Optimization and Machine Learning[J]. Addison Wesley, 1989, xiii（7）:2104–2116.

[90] Deb K, Pratap A, Agarwal S, et al. A fast and elitist multiobjective genetic algorithm: NSGA-II[J]. IEEE Transactions on Evolutionary Computation, 2002, 6（2）:182-197.

[91] 朱誉, 司凤琪, 刘飞龙, 等. 基于MDPA算法的火电厂多目标负荷优化分配模型[J]. 热力发电, 2014（12）:89-94.

[92] Zitzler E, Thiele L. Multiobjective optimization using evolutionary algorithms — A comparative case study[M]// Parallel Problem Solving from Nature — PPSN V. Springer Berlin Heidelberg, 1998:292-301.

[93] Zitzler E, Laumanns M, Thiele L. SPEA2: Improving the Strength Pareto Evolutionary Algorithm for Multiobjective Optimization[C]// Evolutionary Methods for Design, Optimization and Control with Applications To Industrial Problems.

Proceedings of the Eurogen'2001. Athens. Greece, September. 2001.

[94] 刘冉. 基于SPEA-Ⅱ和NSGA-Ⅱ的多目标最优潮流[D]. 武汉：华中科技大学, 2015.

[95] Coello C A C, Pulido G T, Lechuga M S. Handling multiple objectives with particle swarm optimization[J]. IEEE Transactions on Evolutionary Computation, 2004, 8（3）:256-279.

[96] 徐迅. 多目标粒子群优化算法及其应用研究[D]. 无锡：江南大学, 2014.

[97] Markowitz H. Portfolio Selection[J]. Journal of Finance, 1952, 7（1）:77–91.

[98] Chen W. Multistage stochastic programming models for the portfolio optimization of oil projects[M]. THE UNIVERSITY OF TEXAS AT AUSTIN, 2011.

[99] Cozzolino J M. Portfolios of risky projects[J]. Decision Sciences, 1974, 5（4）: 575-586.

[100] Cozzolino J M. Management of oil and gas exploration risk[M]. Wharton School, University of Pennsylvania, 1980.

[101] BALL JR, B. C., et al. Holistic vs. Hole-istic E&P strategies. Journal of Petroleum Technology, 1999, 51.09: 74-84.

[102] Walls M R. Corporate risk tolerance and capital allocation: a practical approach to implementing an exploration risk policy[J]. Journal of Petroleum Technology, 1995, 47（4）: 307-311.

[103] Walls M R, Dyer J S. Risk propensity and firm performance: A study of the petroleum exploration industry[J]. Management Science, 1996, 42（7）: 1004-1021.

[104] Orman M M, Duggan T E. Applying modern portfolio theory to upstream investment decision making[J]. Journal of petroleum technology, 1999, 51（3）: 50-53.

[105] Fichter D P. Application of genetic algorithms in portfolio optimization for the oil and gas industry[C]//SPE Annual Technical Conference and Exhibition. Society of Petroleum Engineers, 2000.

[106] Krokhmal P, Palmquist J, Uryasev S. Portfolio Optimization With Conditional Value-at-Risk Objective and Constraints[J]. Journal of Risk, 2003, 4:11-27.

[107] Walls M R. Combining decision analysis and portfolio management to improve project selection in the exploration and production firm[J]. Journal of Petroleum Science and Engineering, 2004, 44（1）: 55-65.

[108] Gustafsson J, Salo A. Contingent portfolio programming for the management of risky projects[J]. Operations research, 2005, 53（6）: 946-956.

[109] Yuhua Z, Dongkun L. Investment optimization in oil and gas plays[J]. Petroleum Exploration and Development, 2009, 36（4）: 535-540.

[110] Costa Lima G A, Ravagnani G, Schiozer D J. How to Measure the Correlation between Return of Oil Production Projects Realistically?[C]//North Africa Technical Conference and Exhibition. Society of Petroleum Engineers, 2012.

[111] Xue Q, Wang Z, Liu S, et al. An improved portfolio optimization model for oil and gas investment selection[J]. Petroleum Science, 2014, 11（1）: 181-188.

[112] 吴枚. 石油公司投资决策与组合优化研究 [D]. 天津：天津大学, 2002.

[113] 王永兰. 油气勘探项目投资组合优化研究 [D]. 成都：西南石油大学, 2005.

[114] 王桂荣, 李小飞. 境外勘探开发投资项目的风险分析 [J]. 中国石油大学学报（社会科学版）, 2006, 22（3）:12-16.

[115] 王震, 王恺. 基于Markowitz资产组合理论的油气勘探开发投资决策[J]. 中国石油大学学报（自然科学版）, 2008, 32（1）:152-155.

[116] 张孟. 油气勘探项目投资组合研究 [D]. 北京：中国石油大学, 2011.

[117] Keisler J, Keisler J. When to Consider Synergies In Project Portfolio Decisions[J]. University of Massachusetts Boston, 2005.

[118] Almeida, Deduarte A T, Marina D O. A multi-criteria decision model for selecting project portfolio with consideration being given to a new concept for synergies[J]. PesquisaOperacional, 2011, 31（2）:301-318.

[119] 杨小平, 何江波. 项目群构建中的协同效应潜能素质分析与预测模型 [J]. 西北农林科技大学学报（社会科学版）, 2012, 12（3）:44-50.

[120] OH, Kyong Joo; KIM, Tae Yoon; MIN, Sungky. Using genetic algorithm to support portfolio optimization for index fund management. Expert Systems with Applications, 2005, 28.2: 371-379.

[121] Lin C C, Liu Y T. Genetic algorithms for portfolio selection problems with minimum transaction lots[J]. European Journal of Operational Research, 2008, 185（1）: 393-404.

[122] Li J, Xu J. Multi-objective portfolio selection model with fuzzy random returns and a compromise approach-based genetic algorithm[J]. Information Sciences, 2013, 220: 507-521.

[123] 李玉蓉, 李霞, 陈光海, 等. 遗传算法——国际石油合作勘探开发项目投资组合的新方法[J]. 海洋石油, 2004, 24（4）:50-56.

[124] Maringer D, Kellerer H. Optimization of cardinality constrained portfolios with a hybrid local search algorithm[J]. Or Spectrum, 2003, 25(4): 481-495.

[125] 徐绪松, 侯成琪, 王频. 求解投资组合模型的遗传算法[J]. 武汉大学学报（理学版）, 2004, 50(1):29-32.

[126] Lwin K, Qu R, Kendall G. A learning-guided multi-objective evolutionary algorithm for constrained portfolio optimization[J]. Applied Soft Computing, 2014, 24: 757-772.

[127] Cura T. Particle swarm optimization approach to portfolio optimization[J]. Nonlinear Analysis: Real World Applications, 2009, 10(4): 2396-2406.

[128] 李锋刚, 骆林, 陈亚波, 等. 求解均值-CVaR投资组合模型的改进粒子群算法[J]. 计算机工程与科学, 2016(9).

[129] Chen W. Artificial bee colony algorithm for constrained possibilistic portfolio optimization problem[J]. Physica A: Statistical Mechanics and its Applications, 2015, 429: 125-139.

[130] 杜燕连, 周永权. 萤火虫群优化算法在交易费用证券组合中的应用[J]. 计算机应用, 2014(s2):159-161.

[131] Zhang X, Zhang W G, Xu W J. An optimization model of the portfolio adjusting problem with fuzzy return and a SMO algorithm[J]. Expert Systems with Applications, 2011, 38(4): 3069-3074.

[132] Bacanin N, Tuba M. Fireworks algorithm applied to constrained portfolio optimization problem[C]//2015 IEEE Congress on Evolutionary Computation (CEC). IEEE, 2015: 1242-1249.

[133] 眭水炳, 何有世. 国有资产投资主体的投资风险控制[J]. 中国管理信息化, 2008, 11(5):91-95.

[134] 裴向东. 对于企业财务评价指标的相关分析与思考[J]. 经济技术协作信息, 2010(34):59-59.

[135] 刘佳扣. 大学生就业评价指标多元聚类分析[J]. 科技创业月刊, 2011(5):80-82.

[136] 陈方芳. 带模糊隶属度的普通债券资信等级评价指标体系[J]. 黎明职业大学学报, 2014, 2014(3):35-40.

[137] 夏义苗, 王欣, 毛锐, 等. 基于理化指标及主成分分析的葵花籽油品质综合评价指标的建立[J]. 分析测试学报, 2015, 34(9):999-1007.

[138] 张萌物, 王倩. 高校教师教学评价与科研评价指标因子分析[J]. 未来与发展,

2016, 40（1）:53-61.

[139] 陈卓. 基于层次分析法的海上油气田节能评价体系研究[D]. 北京：北京建筑大学, 2015.

[140] 郭思佳, 安海忠, 曾金芳. 基于层次分析法的中东地区油气资源投资环境评价[C]. 2012管理创新、智能科技与经济发展研讨会论文集. 2012.

[141] 段新明, 肖红平, 李阳, 等. 随机建模在油气储量计算中的应用[J]. 油气地质与采收率, 2003, 10（6）:6-8.

[142] 郭瑞. 海外油气勘探资产评估与优化方法研究[D]. 北京：中国石油大学（北京）, 2017.

[143] 杨建. 蒙特卡罗法评定测量不确定度中相关随机变量的MATLAB实现[J]. 计测技术, 2012, 32（4）:51-54.

[144] 汪少勇, 王社教, 李登华, 等. 致密油地质风险分析方法与流程初探[J]. 特种油气藏, 2015, 22（3）:1-7.

[145] L.D. Sandjivy, A. Shtuka, J.L. Mari, et al. Consistent Uncertainty Quantification on Seismic Amplitudes[C]. Eage Conference & Exphibition. 2014.

[146] 时保宏, 张艳, 康永尚, 等. 圈闭预探勘探开发一体化评价方法与应用[J]. 西北大学学报（自然科学版）, 2006, 36（3）:427-431.

[147] 王俊玲, 史丹妮, 刘志强, 等. 海外在实施油气勘探项目地质风险评价方法探讨[J]. 中国石油勘探, 2010, 15（3）:67-72.

[148] 饶勇, 于水, 张树林, 等. 海外油气勘探地质风险评价方法探讨[J]. 石油地质与工程, 2016, 30（4）:85-87.

[149] 时保宏, 韩宗文, 康永尚. 新区勘探的多井钻探计划地质风险分析[J]. 西安石油大学学报（自然科学版）, 2004, 19（2）:21-24.

[150] 李颖梅. 油气勘探项目风险识别与模糊综合评价法研究[D]. 成都：西南石油大学, 2012.

[151] 张健一, 张为, 赵曈. 哈萨克斯坦坚戈贬值对中国油气企业的启示——基于海外项目汇率风险管理视角[J]. 当代经济, 2014（24）:84-85.

[152] 张为, 张健一, 赵曈, 等. 海外项目汇率管理风险联动[J]. 中国石油企业, 2015（12）.

[153] 吴志强. 浅谈国外地质项目的汇率风险[J]. 中国对外贸易（英文版）, 2011（12）.

[154] 周娟. 油气工业海外投资的国家风险评价研究[D]. 成都：成都理工大学, 2015.

[155] 王中元. 中国城市燃气行业可持续发展评价研究 [D]. 北京：中国石油大学（北京），2017.

[156] 曹华林, 汤志高, 连加俊. 波士顿矩阵资源规划应用 [J]. 科技信息：科学·教研，2007（33）:176-178.

[157] 黄信灶, 行金玲. 波士顿矩阵在区域产业选择中的应用 [J]. 经济研究导刊，2008（2）:158-159.

[158] 张海笑, 徐小明. 数据挖掘中分类方法的研究 [J]. 山西电子技术，2005（2）:20-21.

[159] 葛利. 基于过程神经网络的时序数据挖掘研究 [D]. 哈尔滨：哈尔滨工程大学，2012.

[160] Cover T M, Hart P E. Nearest neighbor pattern classification. IEEE Transactions on Information Theory, 1967, 13（1）:21-27.

[161] 刘丽. 聚类算法研究与应用 [D]. 无锡：江南大学，2013.

[162] Cleuziou G, Exbrayat M, Martin L, et al. CoFKM: A Centralized Method for Multiple-View Clustering[C]// Ninth IEEE International Conference on Data Mining. IEEE Computer Society, 2009:752-757.

[163] 江波. 粒子群优化算法改进研究及其应用 [D]. 杭州：浙江大学，2014.

[164] Shi Y, Eberhart R. A modified particle swarm optimizer[M]// Advances in Natural Computation. Springer Berlin Heidelberg, 1998:439-439.

[165] Faris H, Hassonah M A, Al-Zoubi A M, et al. A multi-verse optimizer approach for feature selection and optimizing SVM parameters based on a robust system architecture[J]. Neural Computing & Applications, 2017:1-15.

[166] Martí V, Robledo L M. Multi-Verse Optimizer: a nature-inspired algorithm for global optimization[J]. Neural Computing & Applications, 2016, 27（2）:495-513.

[167] Holland J H. Genetic algorithms and classifier systems: foundations and future directions[C]// International Conference on Genetic Algorithms on Genetic Algorithms and Their Application. L. Erlbaum Associates Inc. 1987:82-89.

[168] Tan K C, Chiam S C, Mamun A A, et al. Balancing exploration and exploitation with adaptive variation for evolutionary multi-objective optimization[J]. European Journal of Operational Research, 2009, 197（2）:701-713.

[169] Al-Naqi A, Erdogan A T, Arslan T, et al. Balancing exploration and exploitation in

an adaptive three-dimensional cellular genetic algorithm via a probabilistic selection operator[C]// Adaptive Hardware and Systems. IEEE Xplore, 2010:258-264.

[170] Vafaee F, Turan G, Nelson P C, et al. Balancing the exploration and exploitation in an adaptive diversity guided genetic algorithm[C]// IEEE Congress on Evolutionary Computation. IEEE, 2014:2570-2577.

[171] Fitzgerald J, Fitzgerald J. Balancing exploration and exploitation in genetic programming using inversion with individualized self-adaptation[J]. International Journal of Hybrid Intelligent Systems, 2014, 11（4）:273-285.

致　谢

　　此书出版之际，感谢内蒙古财经大学给予的支持，向关心、培育和帮助过我的各位老师、朋友和家人表示诚挚的谢意和衷心的祝福，尤其感谢我的导师罗东坤教授对本书内容的指导。

作　者

2021 年 12 月